JESSICA MENTRUP

Perfekte Haltung mit Ballett-Workout

- Ballett, Pilates und Yoga – vereint zu einem effektiven Körpertraining

- Gezielte Übungen für schlanke Muskeln und eine aufrechte Wirbelsäule

Vorwort	**4**
Ballett-Workout – Die Grundlagen	**6**
Was ist Ballett-Workout?	**8**
Die Wurzeln	9
Kurzer Blick in die Ballettgeschichte	9
Im Einklang mit dem Körper	11
Interview mit der Autorin	12
Für jedermann geeignet	14
Intensiv von Kopf bis Fuß	15
Das Programm	15
Ein bisschen Yoga …	15
… mit Pilates garniert	16
Die Exercises	17
Ihr Körper als Trainingsgerät	18
Einfach in Bestform	18
Graziöse und perfekte Haltung	19
Eine aufrechte und gesunde Wirbelsäule	20
Power aus dem Körperzentrum	21
Kraft, Ausdauer, Balance und Beweglichkeit	21
Beweglich von Kopf bis Fuß	23
Körpereigene Grenzen erweitern	23
Üben Sie konzentriert und kontrolliert	24
Faszination Ausstrahlung!	25
Ihre Erfolgsphilosophie	25
Goldene Regeln	27

Los geht's! Die Basis-Exercises	**28**
Leichter Start	**30**
Turnout (1. Position)	31
Turnout (2. Position)	32
Kopfkreisen	33
Relevé (Auf die Zehenspitzen heben)	34
Demi plié (Halbe Kniebeuge)	35
Grand plié (Große Kniebeuge)	36
Battement tendu (Fußgleiten)	37
Rond de jambe par terre (Beinkreis auf dem Boden)	38
Petit battement (Kleiner Beinschlag)	39
Passé (Ein Bein heben)	40
Attitude vor (Ein Bein gebeugt nach vorn heben)	41
Attitude rück (Ein Bein gebeugt nach hinten heben)	42
Arabesque (Ein Bein gestreckt nach hinten heben)	43
Seitbeuge	44
Körperkreis	45
Vor- und Rückbeuge	46

Die Mittelstufe: Exercises im Stand — 48

Haltung – Körperkraft – Balance — 50

Springen in der ersten Position — 51
Taillenformer — 52
Seitbeuge mit Plié — 53
Plié auf Zehenspitzen — 54
Rond de jambe en l'air (Beinkreis in der Luft) — 55
Passé-développé — 56
Grand battement (Großer Beinschlag) — 58
Tischplatte (Flat Back) — 59
Rückenübung mit Beckenkippung (Contract – Release) — 60
Körperdreieck über Kopf — 61
Körperdreieck mit Plié — 62
Attitude-Arabesque — 64
Attitude-Arabesque kopfüber — 65
Attitude-Arabesque mit Push-ups — 66
Arabesque – Seitliche Standwaage kopfüber — 67
Balance: Körperdreieck im Stand — 68
Balance: Attitude (Haltung) — 69

4

Auf zum Endspurt! Exercises am Boden — 70

Workout & intensives Stretching — 72

Breite Liegestütze: Brust-Push-up im Kniestand — 73
Enge Liegestütze: Trizeps-Presse im Kniestand — 74
Passé-développé im Kniestand — 75
In Seitenlage: Passé mit Beinrotation — 76
Gerader Bauchaufzug — 77
Bauchaufzug mit Grand battement — 78
Changement (Fußwechsel) im Sitz — 79
Beinstreckung im Sitz — 80
Brustexpander mit Oberschenkeldehnung — 81
Im Schulterstand: Plié – Grätsche — 82
In Bauchlage: Changement (Fußwechsel) — 84
Körperbrücke — 85
Dehnung der Körperrückseite — 86
Piriformis-Stretch im Sitz — 87
Oberschenkeldehnung im Kniestand — 88
Grätsche mit Rumpfdehnung — 89
Nackendehnung im Schneidersitz — 90
Überkreuzdehnung in Rückenlage — 91

Anhang

Register — 92
Literatur — 94
Impressum — 96

Vorwort

VORWORT

Ich freue mich, dass Sie sich für dieses Buch entschieden haben. Mit **Ballett-Workout** erleben Sie sich und Ihren Körper in einer völlig neuen Dimension – ausdrucksstark, kraftvoll, provokant, aber auch harmonisch und voller **Grazie** und **Anmut**.

Ich möchte Sie herausfordern, verwöhnen, verführen und Ihre persönliche Ausdruckskraft unterstützen. Folgen Sie mir in ein **intensives Körpertraining** und Sie bewegen sich zu rhythmischen Klängen, entspannen und fokussieren Ihren Geist, setzen auf dem Boden sitzen Probleme ab und sie werden es gewiss sehr bald bestellen.

Herzlichst Ihre Jessica Mentrup

1 Ballett-Workout – Die Grundlagen

Erleben Sie ein intensives und neuartiges Workout für den ganzen Körper! Ballett-Workout! Es kommt ganz ohne Zusatzgeräte aus und lässt Sie Ihre Körpergrenzen fernab von Ballettstange und Tüllröckchen neu erfahren! Lesen Sie mehr über eine der besten Trainingserweiterungen, die es zurzeit gibt.

Was ist Ballett-Workout?

Ballett-Workout kombiniert Ballett und Workout zu einem höchst intensiven und dynamischen Trainingserlebnis von Kopf bis Fuß.
Es ist ein tänzerisch-athletisches Programm für zu Hause, das einige speziell ausgesuchte Übungen aus dem klassischen Ballett mit Elementen aus Pilates und Yoga verbindet.
Das Training fordert Ihre körperliche und geistige Standfestigkeit von Kopf bis Fuß heraus. Es enthält haltungsstabilisierende bzw. mobilisierende Übungen zur Stärkung von Rücken und Wirbelsäule. Die tollen Effekte von Ballett-Workout: lange, schlanke Muskeln, graziöse Bewegungen, Körperharmonie und eine ausdrucksstarke und gesunde Haltung – das ist doch wirklich ein Ergebnis, das sich sehen lassen kann!

Die Wurzeln

Die Wurzeln von Ballett-Workout liegen in der hohen Kunst des klassischen Tanzes. Das Ballett ist, wie auch die Oper, eine bis ins kleinste Detail ausgefeilte Bühnendarstellung für das Publikum. Es ist also in erster Linie dazu da, den Zuschauer zu unterhalten. Dabei ergeben verschiedene Elemente aus Künsten wie Tanz, Theater, Musik und Beleuchtung sowie Masken-, Bühnen- und Kostümbildnerei eine perfekt aufeinander abgestimmte Inszenierung. So kann das Ballett Geschichten erzählen, Stimmungen ausdrücken, die Musik interpretieren, kurz, den Zuschauer auf zauberhafteste Art und Weise mit in seinen Bann ziehen

Kurzer Blick in die Ballettgeschichte

Die Anfänge des Balletts sind im italienischen »Quattrocento« und somit der Renaissance zu finden. Daraus entwickelten sich im 15. und 16. Jhdt. die an den italienischen Fürstenhöfen beliebten Bühnentänze. Durch die Heirat mit König Heinrich II. von Frankreich brachte Catharina di Medici das italienische Hofballett nach Frankreich. Als erstes vollwertiges Hofballett wird das 1581 entstandene Stück »Le ballet comique de la Reine« angesehen.
Im mittelalterlichen Europa diente der streng organisierte Hof- und Gesellschaftstanz vor allem dazu, das Publikum zu unterhalten. So wurden an den Höfen mehr oder weniger kleine Tänze vorgeführt. Am Hof des französischen Sonnenkönigs, Ludwig XIV., waren Ballettaufführungen bereits luxuriöse und extravagante Spektakel.
Bis ins 16. Jahrhundert wurde das Ballett weitgehend frei erfunden. Erst 1661 brachte man mit der französischen Tanzakademie Ordnung in den Hof- und Balletttanz. Die »Académie Royale de Danse« legte beispielsweise die fünf elementaren Fuß- und Armstellungen fest, die auch heute noch Grundlage des klassischen Balletts sind.

> **Info INFO Info**
>
> **Tanz ist Leben**
> Tanz stellt seit jeher einen wesentlichen Bestandteil unseres Lebens und unserer Ausdrucksformen dar.
> Der Begriff »Ballett« leitet sich aus den italienischen Wörtern »ballare« = tanzen und »ballo« = Tanz ab.

... aus dem Schatten der Oper zur selbstständigen Kunstform

Im 16. und 17. Jahrhundert wurden fast alle musikalischen Opernaufführungen mit Tanzeinlagen zusammen vorgeführt. Ballett- und Opernkunst entwickelten sich zu dieser Zeit zunächst parallel. Erst um 1800 wurde den Zuschauern das Ballett allein als abendfüllendes Programm präsentiert. Diese Form der Tanzkunst ging als klassisches Ballett in die Geschichte ein.

Als Sinnbild für das klassische Ballett gilt heute insbesondere das Tutu, ein langes Ballettkleid aus Tüll. Dieses wurde um 1830 von der in Schweden geborenen Ballerina Marie Taglioni in Paris erstmalig in Szene gesetzt. Mit Tutu bekleidet war sie außerdem die Erste, die auf voller Spitze tanzte und »Die Waldfee« (»La Sylphide«) vorführte. Sie ging als eine der bekanntesten Primaballerinen in die Geschichte ein.

Heutzutage ist den meisten von uns »Der sterbende Schwan« aus »Schwanensee« – einem der berühmtesten Ballette überhaupt – ein Begriff. Es wurde Ende des 18. Jahrhunderts von dem Russen Peter Tschaikowsky komponiert.

Federleicht durch die Luft

Die klassischen Ballett-Techniken beinhalten eine Vielzahl an Exercises, die eher unnatürlich für den Körper sind. Die Kunst besteht darin, diese Übungen natürlich aussehen zu lassen, was für den Profitänzer überhaupt kein Problem ist. So scheinen Balletttänzer das Gesetz der Schwerkraft nicht zu kennen, denn sie fliegen wie Federn durch die Luft und drehen sich mehrmals um die eigene Achse, ohne dabei auch nur einen Hauch an Ausdruck und Eleganz zu verlieren. Ihre Füße bewegen sich teilweise so schnell, dass die Augen des Zuschauers ihnen kaum Folge leisten können. Die Frauen tanzen auf den Zehenspitzen – auf so genannten Spitzenschuhen –, während die Männer ihre Tanzpartnerinnen scheinbar mühelos über den Kopf heben, als wären sie leicht wie ein Blatt Papier.

Früh übt sich ...

Um das Ballett bis in seine Perfektion beherrschen zu können, ist es von Vorteil, die Grundlagen des klassischen Tanzes bereits von Kindesbeinen an zu erlernen. So können sich Muskulatur, Gelenke, Sehnen und Bänder, aber auch Ausdruck und Routine schon früh festigen.

Im Einklang mit dem Körper

Ballett-Workout nutzt die Schnittstelle von Ballett und Workout, damit sich ein für den Körper rundum harmonisches Gesamtkonzept ergibt. Sie sollen Ihren Sport im Einklang mit Ihrem Körper erleben. Beim klassischen Ballett kann das – wie gesagt – ganz anders sein.

Was auf der Bühne so einfach aussieht, ist das Ergebnis schwerster körperlicher und geistiger Arbeit. Die klassische Ballettschule achtet in penibler Genauigkeit auf alle Feinheiten, damit die Tänzer nicht »aus der Reihe tanzen«: So wollen jeder Takt, jede Armbewegung, jeder Schritt wohl durchdacht sein, damit sie sich in das große Ganze einfügen.

Teilweise fordert die klassische Ballettschule extreme Körperpositionen, die nicht immer mit der Anatomie des menschlichen Körpers übereinstimmen und aus sportmedizinischer Sicht eher mit Vorsicht zu genießen sind: Beispielsweise erlernen die Eleven extreme Auswärtspositionen der Füße und Beine, die Überstreckung von Kniegelenken und Fußspann, um perfekte Körperlinien zu bilden, sowie akrobatische Sprünge, Hebungen und natürlich den Spitzentanz.

Tanzen Sie ruhig aus der Reihe!

Im Gegensatz dazu setzt Ballett-Workout Ihre Gesundheit an die erste Stelle. Bekanntlich folgt jeder Mensch seinem eigenen genetischen Bauplan, sodass das, was für den einen »gesund« ist, für den anderen absolut kontraproduktiv sein kann! Mein Programm möchte Ihre Individualität weitestgehend berücksichtigen. Mit anderen Worten: Hier dürfen Sie aus der Reihe tanzen!

> **Info INFO Info**
>
> **Was heißt denn hier Workout?**
>
> Workout stammt aus dem Amerikanischen bzw. Englischen und meint wörtlich übersetzt: ausarbeiten (»to work out«). Im übertragenen Sinne heißt es Trainingseinheit (»workout«). Und so ist Ballett-Workout auch eine detailliert ausgearbeitete Trainingseinheit für den ganzen Körper.

Fragen & Antworten

»Mit **Ballett-Workout** fühlt man sich spitze – ohne auf den **Spitzen** zu tanzen!«

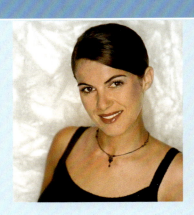

Jessica Mentrup ist seit ihrer Kindheit von Ballett und anderen Sportarten fasziniert. Kein Wunder also, dass sie ihre Leidenschaft zum Beruf gemacht hat und mittlerweile als Personal Trainerin arbeitet.

Wie sind Sie auf die Idee zu Ballett-Workout gekommen?

Ich stand bereits als Kind mit dreieinhalb Jahren an der Ballettstange und daraus wurden 16 begeisterte Jahre aus klassischem Tanz und Jazz. Diese Zeit hat meine Kindheit und Jugend enorm geprägt, war quasi ein Teil von mir. Selbst bei 30° C Hitze im Schatten habe ich mich noch freiwillig an die Ballettstange gestellt.

Das Ganze hat aber auch seine Schattenseiten! So fühlt man sich aufgrund des ständig geforderten Perfektionismus und der teilweise ausgeübten akademischen Strenge nie »richtig«! Ein »Fertigwerden« ist nicht vorgesehen, es gibt immer etwas auszusetzen. Außerdem fordert das Ballett teilweise extreme Körperpositionen, was bei mir bereits im Teenager-Alter zu Überlastungsproblemen im Knie und den Wadenbeinen führte. Damals war die Sportmedizin noch nicht so weit wie heute; mir fehlte es an einem entsprechenden Ausgleichstraining. Und ich hatte lange mit den Folgen zu kämpfen.

Heutzutage bin ich sehr verwundert, dass diese Problematik in den Ballettschulen teilweise immer noch besteht und die Kniebandage kein seltenes Bild ist.

FRAGEN UND ANTWORTEN

Durch verschiedene Erfahrungen aus meinem Sportstudium, der Tätigkeit als Instruktorin und Personal Trainerin konnte ich meinen Horizont enorm erweitern. Ich wollte meine Faszination für Ballett und Tanz behalten und die positiven Aspekte dieser Sportart in einem modernen und zeitgemäßen Gesamtpaket für jedermann zugänglich machen! So entwickelte ich mit der Zeit eine Übungsreihe von Exercises für den ganzen Körper, auch für die Arme, die beispielsweise im Ballett gar nicht trainiert werden.

Was ist nun das Besondere an Ballett-Workout?

Anfänger und professionelle Tänzer könnten im Prinzip gemeinsam trainieren. Der Einsteiger wird mit den Grundzügen des klassischen Balletts vertraut gemacht, während der Profi ein tolles Ausgleichstraining zur Erhaltung seiner Gesundheit und als Trainingsbasis vorfindet.
Es geht nicht um komplizierte Choreographien oder Schrittfolgen, sondern darum, ein intensives, aber rundum harmonisches Workout auszuüben. Außerdem wird ohne Ballettstange trainiert. Das birgt eine zusätzliche Schwierigkeit, weil man sich enorm konzentrieren muss, um nicht umzufallen. Ein weiterer Pluspunkt: Das Programm funktioniert ohne Zusatzgeräte.

Was muss ich bei Ballett-Workout besonders beachten?

Es geht darum, sich langsam und zielsicher zu steigern, und nicht darum, mit falschem Ehrgeiz etwas zu erzwingen. Es ist weder sinnvoll mit vollem noch mit leerem Magen ins Training zu gehen. Bei Heißhunger reicht erst einmal eine Banane vorher.
Alkohol- und Medikamenteneinnahme sind vor dem Training tabu, denn: Sie dämpfen das Empfinden der körpereigenen Schmerzsignale.
Grundsätzlich gilt: Die Übungen sind für körperlich gesunde Menschen konzipiert! Mögliche Beschwerden und Verletzungen müssen daher vor Trainingsbeginn unbedingt vollständig auskuriert worden sein. Bei Unsicherheiten, Schwangerschaft, Über- oder Untergewicht sowie der Wiederaufnahme des Trainings nach langen Pausen beziehungsweise nach dem 40. Lebensjahr ist in jedem Fall der behandelnde Arzt oder Therapeut zu konsultieren!

Was möchten Sie den Leser/innen dieses Buches mitgeben?

Mein Programm soll in erster Linie Spaß machen und die Individualität jedes Einzelnen zulassen!
Sicherlich erfordert es viel Disziplin, Fleiß und Kraft. Doch bei so viel »Contenance« ist Lachen unbedingt erlaubt!

Bitte keine Extrempositionen!

Im Gegensatz zum klassischen Ballett kommt mein Programm mit zwei Fußpositionen aus, der ersten und der zweiten Position, die bloß in einem leichten Auswärts ihre Anwendung finden. Der Fußspann wird nur leicht gestreckt, die Zehen sollten lang bleiben und nicht »gekrallt« werden.
Bei besonders intensiven und teilweise auch akrobatischen Übungen biete ich Übungsvariationen an, um Ihnen »Brücken« zu bauen. Damit können etwaige Überforderungen von Kniegelenken und Wirbelsäule ausgeschaltet werden. So können Sie zu schwere Übungen oder Extrempositionen bei Bedarf ganz elegant umgehen.
Dennoch sollten Sie vorsichtshalber auf das Training verzichten, wenn Sie unter akuten Beschwerden im Bereich von Rücken, Schultern, Knien und Handgelenken leiden.

Für jedermann geeignet

Es ist vollkommen unerheblich, ob Sie nun Primaballerina werden möchten oder nicht: Ballett-Workout richtet sich an alle, die Spaß an tänzerisch-ausdrucksstarken Bewegungen und neuen Herausforderungen haben. Es spielt daher keine Rolle, auf welchem Fitness-Niveau Sie sich derzeit bewegen. Ballett-Workout ist für jeden Level geeignet. Sie bauen einfach langsam Ihre Fitness, Beweglichkeit und Kondition entsprechend Ihrem persönlichen Leistungspotenzial auf. Auch Anfänger ohne Vorkenntnisse im Ballett können sich step by step mit den Grundlagen vertraut machen. Fortgeschrittene stoßen an ihre Grenzen und lernen, diese auf wundersame Art und Weise zu erweitern. Fast-Profis finden ein ausgewogenes Trainingskonzept zur Erhaltung und Stabilisierung ihrer Techniken und vor allem ihrer Gesundheit.

Tipp TIPP Tipp

Übungen ohne Strenge

In meinem Programm geht es nicht darum, auf Spitze zu tanzen, sondern Sie sollen sich ganz einfach spitze fühlen! Ballett-Workout möchte Sie mit der »Faszination klassischer Tanz« anstecken, während Techniken und akademische Strenge ruhig einmal in den Hintergrund rücken dürfen.

Intensiv von Kopf bis Fuß

Ballett-Workout macht Sie nicht nur topfit, sondern gibt Ihnen einen Einblick in die Grundzüge des klassischen Balletts. Die tänzerischen und funktionellen Bewegungen des Programms dienen dem Aufbau eines dynamischen und perfekt aufeinander abgestimmten Gesamtpakets aus Kraft, Ausdauer, Haltung, Balance und Beweglichkeit. Ballett-Workout besteht nicht aus komplizierten Choreographien und Schrittfolgen.
Mitunter erfordert es Ihre gesamte Konzentration, Körperkraft und Körperbeherrschung. Nehmen Sie die Herausforderung an! Sie werden sehen, wie sich Ihre körpereigenen Grenzen mit der Zeit erweitern und Ihr Körper niemals geglaubte Fähigkeiten erwirbt und sich perfekt modellieren lässt.

Das Programm

Die in den folgenden drei Kapiteln vorgestellten Übungen sind zum größten Teil klassische Ballett-Exercises, wie sie auch in jeder regulären Ballettschule gelehrt werden. Einige habe ich ein wenig abgewandelt, damit sie nicht nur für Ballett-Erfahrene, sondern auch für Anfänger und leicht Fortgeschrittene nachvollziehbar sind. Dazu kommen ausgewählte Elemente aus Yoga und Pilates. Doch warum gerade die Kombination dieser drei bekannten und beliebten Bewegungsformen?
Abgesehen von der fernöstlichen Philosophie des Yoga, tragen diese Trainingsmethoden recht ähnliche Prinzipien und unterstützen sich daher gegenseitig. Die Kombination aus »Langmachen«, Beweglichkeit, Standfestigkeit und Konzentration ist allen drei berücksichtigten Bewegungsformen (Ballett, Yoga und Pilates) gemeinsam und fügt sich sehr schön zusammen.

Ein bisschen Yoga ...

Yoga, die traditionelle Heilmethode aus Indien, die sich im Westen etabliert hat, ist heutzutage aktueller denn je. Yoga betont den spirituellen Ansatz und beinhaltet das Streben nach der Harmonie von Körper, Geist und Seele. Das heißt also unter anderem: Wenn Ihre Muskeln harmonisch ausgebildet sind, dann sind Sie es auch!

In der Ausgeglichenheit liegt die Kraft

So werden Sie an einigen Übungstagen beobachten, dass Sie Ihr Gleichgewicht wunderbar halten können, während Sie an anderen Tagen schon beim Stehen auf einem Bein einfach »umfallen«. In diesem Fall sind Sie buchstäblich »unausgeglichen«. Diese Erfahrungen dienen dazu, sich selbst und den eigenen Körper besser kennen, und vor allem verstehen zu lernen. Selbst wenn das Streben nach Perfektion nie beendet sein wird, sind der Yoga-Philosophie Konkurrenzgedanken und Versagensängste vollkommen fremd. Es geht vielmehr um Ruhe, Zuversicht, Ausdauer und Gelassenheit.

… mit Pilates garniert

Als Pilates-Kenner wissen Sie vielleicht, dass Pilates viele Übungen aus dem klassischen Ballett von der Ballettstange auf die Matte gebracht hat. So sind gewisse Ähnlichkeiten im Ballett- bzw. Pilates-Unterricht nicht zufällig, sondern gewollt. Allerdings werden Sie in meinem Programm einen Großteil der Übungen im Stand und nicht auf der Matte ausführen. Im Unterschied zum klassischen Ballett-Training findet Ballett-Workout jedoch ohne Ballettstange statt. So sind Sie im wahrsten Sinne des Wortes »auf sich allein gestellt«: ein echter Balance-Akt, der von Ihnen ein hohes Maß an Standfestigkeit und Konzentration erfordern wird!

Sie kennen Pilates noch nicht?

Diese über 80 Jahre alte Trainingsmethode trägt den Namen ihres deutschen Erfinders: Joseph Hubertus Pilates (1880–1968). Im Vordergrund steht das Training der Körpermitte, dem so genannten »Powerhouse«, um es in der Pilates-Sprache zu sagen. Mit dem Powerhouse ist der Bereich zwischen Bauchnabel und Gesäß gemeint. So werden vor jeder Übung zunächst Bauch-, Beckenboden-, Rücken- und Pomuskeln angespannt, um ein Muskelkorsett um die Wirbelsäule zu schnüren.
Genau wie beim Ballett gilt die Aufmerksamkeit also zunächst der Stabilisation der Wirbelsäule. Ziel des Programms ist es, gleichmäßig ausgebildete Muskeln zu entwickeln, um Muskelbalance zu erreichen. Diese ist die Voraussetzung für mehr Beweglichkeit und Gesundheit von Rücken und Wirbelsäule.

Die Exercises

Mein Programm gliedert sich in drei aufeinander aufbauende Teile:
A – Basis/Anfänger: Basis-Exercises/Warm-up
B – Mittelstufe: Exercises im Stand
C – Fortgeschrittene: Exercises am Boden
Der Basis-Teil besteht hauptsächlich aus klassischen Ballett-Exercises. Diese Übungen eignen sich hervorragend zum Aufwärmen und für Anfänger. Fortgeschrittene können mit diesem Programm ihre »Basis« gut aufrechterhalten. Die Exercises im Stand sind für die Mittelstufe bzw. für leicht Fortgeschrittene gedacht. Wie auch die fortgeschrittenen Boden-Exercises enthalten sie neben Übungen aus dem klassischen Tanz Elemente aus Pilates und Yoga. Einige Übungen sind eine Mixtur aus allen drei Bereichen und lassen sich in die Kategorie (Fitness-)Gymnastik einteilen. Im letzten Kapitel finden Sie außerdem einige Dehnübungen. Die drei Übungsteile ergeben insgesamt eine Einheit. Ziel ist es, diese im Laufe der Zeit auch als eine Trainingseinheit zu absolvieren. Am Anfang oder je nach Terminkalender und Ihrer persönlichen Tagesform können die Stufen natürlich auch separat ausgeführt werden.

Info **INFO** Info

Das Besondere auf einen Blick

- Tänzerisch-athletisches Workout von Kopf bis Fuß
- Verbindet Ballett, Yoga und Pilates
- Für jedermann geeignet – vom Anfänger bis zum Fast-Profi
- Ohne Zusatzgeräte
- Gibt Einblick in das klassische Ballett
- Verleiht Anmut und eine schöne Körperhaltung
- Stabilisiert und mobilisiert die Wirbelsäule
- Trainiert Kraft, Ausdauer, Beweglichkeit, Balance
- Stabilisiert Füße und Fußgelenke
- Arbeitet mit Hilfe Ihrer Vorstellungskraft
- Modelliert Ihren Körper so, wie Sie ihn haben möchten
- Lässt Sie Ihre körpereigenen Grenzen erweitern
- Gibt Selbstsicherheit und ein neues Körpergefühl
- Bringt Sie zum Strahlen

BALLETT-WORKOUT – DIE GRUNDLAGEN

> **Info INFO Info**
>
> ### Die Übungsnamen
> Egal ob in Spanien, Großbritannien, Australien, China, Südafrika, Russland oder Deutschland – überall auf der ganzen Welt benutzt man heutzutage die französischen Originaltitel zur Benennung der verschiedenen Schritte und Ballett-Positionen. Traditionsgerecht habe ich mich daran gehalten und alle Exercises, die aus dem klassischen Ballett kommen oder stark daran angelehnt sind, mit den französischen Originalnamen benannt.
> Die übrigen Namen sind so ausgewählt, dass sie der Form bzw. dem Sinn der jeweiligen Übung entsprechen, z. B. »Körperdreieck« oder »Brustexpander«.

Bitte der Reihe nach

Die Aneinanderreihung der Übungen ist wohl überlegt und nicht willkürlich. Um Ihr Training so sicher und effizient wie möglich gestalten zu können, versuchen Sie bitte die Reihenfolge einzuhalten. Ist eine Übung zu schwer, lassen Sie sie einfach weg und fahren Sie mit der nächsten Übung fort!

Ihr Körper als Trainingsgerät

Ein wesentlicher Vorteil des Konzepts von Ballett-Workout ist die Tatsache, dass ausschließlich mit dem eigenen Körper trainiert wird. Alles, was Sie brauchen, sind eine Trainingsmatte und eine ungestörte Ecke in einem Raum. Das bedeutet, dass Sie Ihren Körper zu jeder Zeit und an jedem Ort spontan als Trainingsgerät einsetzen können. Einen Nachteil hat die ganze Angelegenheit: Es gibt keine Ausreden mehr! Egal, ob zu Hause in Ihren eigenen vier Wänden oder auf Reisen im Hotelzimmer, Sie haben Ihr Trainingsgerät immer dabei! Und eines kann ich Ihnen jetzt schon sagen: Sie werden sich wundern, wie schwer »Ihr Trainingsgerät« sein kann!

Einfach in Bestform

Stellen Sie sich vor, Sie könnten Ihren Körper genau so trainieren, wie Sie ihn gerne hätten! Schlank, straff, graziös, beweglich, anmutig und einfach schön! Ein Traum? Nein! Mit Hilfe von Ballett-Workout können Sie lernen, Ihre Vorstellungskraft zu nutzen, um Ihren Körper in die Richtung Ihres Idealbildes zu trainieren. Sie können viel mehr leisten und verändern, als Sie jetzt vielleicht denken!

Was möchten Sie erreichen?

Nutzen Sie die unglaubliche Macht Ihrer Vorstellungskraft und denken Sie sich vor jeder Übung lang, aufrecht, kraftvoll und federleicht.
Das »Visualisieren«, oder auch »Trainieren in Bildern« genannt, ist einigen vielleicht schon aus der Pilates-Methode vertraut und stellt eine wesentliche Erfolgskomponente dar.
Konditionieren Sie Ihre Konzentration und sprechen Sie mit Ihrem Körper! Sagen Sie ihm, was er tun soll, und er wird es unweigerlich ausführen! Vorstellungsbilder, die Ihnen dabei helfen sollen, sind den Exercises im Übungsteil entsprechend beigefügt.

Hilfreiche Visualisierungen

Stellen Sie sich insbesondere beim Training vor, Sie würden ein enges Korsett tragen, das Sie zwingt, den Bauch einzuziehen und sich aufrecht zu halten. Beim Finden der Balance hilft es zudem, sich vorzustellen, der Kopf sei über einen Bindfaden an der Zimmerdecke befestigt – so wie bei einer Marionette.

Graziöse und perfekte Haltung

Eine schöne Haltung ist das A & O! Sie steht und fällt mit unserer körperlichen und auch seelischen Verfassung. Die Haltung beeinflusst nicht nur unser gesamtes Körperbild, sondern auch unsere Mitmenschen. Wer es versteht, seine Körperhaltung und Körpersprache bewusst zur Geltung zu bringen, wirkt nach außen automatisch präsenter, selbstbewusster und beeindruckender.

Öfter mal dran denken ...

Allein die Tatsache, dass Sie täglich an Ihre »perfekte Haltung« denken, ist schon der erste Meilenstein auf dem Weg zum Erfolg. Probieren Sie es doch mal aus! Machen Sie sich jeden Morgen auf dem Weg zur Arbeit, am Schreibtisch, beim Hausputz oder wo auch immer bewusst: Schwanenhals, Schultern runter, Brust raus und Bauch rein! Denken Sie so oft wie möglich am Tag daran! Irgendwann ist Ihre »gerade Haltung« ein Automatismus geworden, der sich vielleicht sogar auf all Ihre Lebensbereiche positiv auswirkt.

... und sich tatkräftig unterstützen lassen

Ballett-Workout wird Sie bei diesem Vorhaben jedenfalls tatkräftig unterstützen, denn das Training besteht aus zwei gleichwertigen Trainingskomponenten – der Kräftigung und Dehnung. So bilden sich lange, kräftige Muskeln und elastische Sehnen, wodurch sich Ihre Gelenkbeweglichkeit erheblich verbessert. Als Folge richtet sich Ihr Körper mehr und mehr auf.

> **INFO**
>
> **Brust raus, Bauch rein – ist das denn noch zeitgemäß?**
>
> Einseitige Arbeitshaltung, langes Stehen, aber auch Telefonieren, Golf- oder Tennisspielen und Autofahren fordern überwiegend die innenrotatorischen Kräfte (nach innen gedreht wirkend) unserer Schulter- und Rückenmuskulatur. Fehlt der entsprechende Ausgleich durch eine aufrechte Haltung, bildet sich eine Fehlhaltung wie beispielsweise ein Rundrücken mit hängenden Schultern, was früher oder später zu Beschwerden führen kann.

Eine aufrechte und gesunde Wirbelsäule

Und genau diese Aufrichtung haben wir in unserer schnelllebigen, industrialisierten Leistungsgesellschaft auch bitter nötig. Zum einen verlangt der Arbeitsalltag nicht selten das stundenlange Verharren in einseitigen (Sitz-)Positionen. Der Körper ist daher meistens nach vorn gebeugt, wodurch die Muskulatur schwächer wird und sich gleichzeitig verkürzt. Gesellen sich noch Stress, Sorgen und Bewegungsarmut dazu, geraten unsere muskulären Zugkräfte abermals aus ihrem Gleichgewicht. Nun kann sich die Wirbelsäule nicht mehr aufrichten. Die Folge: Es entsteht ein Rundrücken mit einer steil nach vorn stehenden Halswirbelsäule, nach vorn gebeugten Schultern und verkürzten Brust- und Nackenmuskeln, die die Ursache für (Rücken-)Beschwerden darstellen können. Die Muskeln schmerzen dann nicht nur, sondern sie sind auch schwach. Sie nehmen den Bewegungen ihre Leichtigkeit und Präzision. Ein typisches Beispiel hierfür ist die Nackenstarre, unter der wohl jeder schon einmal gelitten hat. Der Schmerz und die Bewegungseinschränkung können den Alltag und die Lebensfreude enorm beeinträchtigen. Werden die Beschwerden chronisch, kann sich daraus auch ein Bandscheibenvorfall entwickeln.

Power aus dem Köperzentrum

Sie werden sich außerdem wundern, wie stark sich das Training auf Ihr Körperzentrum und damit insbesondere auf die Bauch- und Rückenmuskeln auswirkt. Da es Ziel ist, sich bei den Übungen so gerade und lang wie möglich zu strecken, müssen Sie Ihren Körper stabilisieren, damit Ihr Rücken und Becken stets gerade bleiben und nicht in eine Fehlhaltung – Hohlkreuz, Buckel, schiefes Becken usw. – geraten. Die Übungen erfordern also ein Maximum an Körperspannung aus dem Körperzentrum, dem Bereich zwischen Bauchnabel und Gesäß.

Nutzen Sie Ihr natürliches Muskelkorsett

Für die konkrete Übungsausführung bedeutet dies, dass Sie in Gedanken die ganze Zeit über einen sehr engen Gürtel um Ihre Taille tragen, der Sie zwingt, den Bauchnabel nach innen zu ziehen und gleichzeitig Po und Beine fest zusammenzukneifen. So ist Ihr natürliches Muskelkorsett ständig aktiv und greift unterstützend ein. Ganz ohne Trainingsgeräte und unzählige Sit-ups bekommen Sie einen schönen, starken Rücken und beneidenswerte Bauchmuskeln. Dieser muskuläre Rundumschutz stabilisiert auch Ihre Wirbelsäule, da sie stets von einem enormen Kraftgürtel umschlossen wird.

Kraft, Ausdauer, Balance und Beweglichkeit

Neben anderen motorischen Fähigkeiten des Menschen stellen Kraft, Ausdauer, Balance und Beweglichkeit die wesentlichen Säulen eines jeden durchdachten Fitness-Trainings dar.
Ballett-Workout verbindet alle diese Elemente auf wunderbare Art und Weise – und zwar ohne dass Sie teure Trainingsgeräte anschaffen müssen, denn Sie brauchen ja nur Ihren Körper.

Der Trainingsaufbau

Im Idealfall absolvieren Sie ein ca. 60- bis 90-minütiges Training am Stück, vorausgesetzt Sie »turnen« alle drei Übungskapitel ohne Unterbrechung hintereinander durch. Als Anfänger oder absoluter Neuling ist davon allerdings unbedingt abzuraten. Hier empfiehlt es sich, langsam mit zehn Minuten pro Tag zu starten, um sich mit den Übungen erst einmal vertraut zu machen. Die Belastungsdauer kann von Woche zu Woche um weitere fünf bis zehn Minuten gesteigert werden, bis Sie irgendwann das gesamte Konzept an einem Stück schaffen.

Die Muskelarbeit

Die Muskelarbeit erfolgt sowohl dynamisch – in Bewegung – als auch statisch – in der Haltearbeit. Haltearbeit ist besonders gefragt, wenn es um die Gleichgewichtsübungen geht. Das Halten der Balance erfordert nicht nur sehr viel Kraft, sondern auch Konzentration und Standfestigkeit.

In ihrer Gesamtheit trainieren die Übungen alle Hauptmuskelgruppen Ihres Körpers umfassend und ausgewogen. Als ein tänzerisch-athletisches Workout mit einer leichten, mittleren oder sehr hohen Trainingsintensität kräftigt, streckt, konditioniert, formt und definiert es Ihre Muskulatur.

Unnötigen Ballast loswerden

Die Tatsache, dass Ballett-Training einen anmutigen und graziösen Körper formt, ist wohl unumstritten. Oder sehen Sie in Gedanken lauter tanzende Kraftprotze vor Ihren Augen, wenn Sie an »Schwanensee« denken? Was dort auf der Bühne durch die Luft wirbelt, ist geballte Muskelkraft! Und welcher Tänzer kann dabei schon überflüssigen Ballast gebrauchen?

Bei regelmäßigem Training können auch Sie unnötigen Ballast über Bord werfen. Bereits nach ein paar Wochen konsequenten Durchhaltens werden Sie feststellen, dass sich Ihr ganzer Körper gerader, länger und leichter anfühlt. Und Sie haben recht damit! Denn Ihre Muskel- und Sehnenstränge werden gleichmäßig beansprucht, wodurch auch Ihr Körper sich gleichmäßig ausbildet und formen lässt.

> **Tipp TIPP Tipp**
>
> **So können Sie den Gürtel tatsächlich enger schnallen!**
> Achten Sie auch am Schreibtisch darauf, sich lang zu machen. Das schafft Platz für den Magen, der sich jetzt ausdehnen kann und sich nicht mehr – zusammengequetscht durch die krumme Sitzhaltung – als Kugel zusammenrollen muss.

Beweglich von Kopf bis Fuß

Viele kennen das: Man kommt morgens nicht mehr so schwungvoll aus dem Bett wie »früher«. Muskeln, Sehnen, Bänder und Gelenke bilden ein komplexes Zusammenspiel und können – bedingt durch physische und psychische Belastung – ganz schön aus dem Gleichgewicht geraten. Ist dies der Fall, werden schnell auch die Funktionen des Bewegungsapparates eingeschränkt.

Damit's nicht plötzlich bergab geht

Aus gutem Grund sollte die Beweglichkeit mit fortschreitendem Alter etwa ein Drittel des gesamten Trainingsumfangs betragen, zumal sie bereits im späten Schulkindalter ihr Maximum erreicht. Mit anderen Worten: Sofern sie nicht entsprechend gefördert wird, geht es mit der Gelenkigkeit etwa nach dem zehnten Lebensjahr schon wieder steil bergab.

Ballett-Workout stabilisiert Ihre Wirbelsäule und macht Sie zugleich mit mobilisierenden Übungen enorm geschmeidig. Mit ein wenig Geduld werden Sie einen unglaublich beweglichen Körper entwickeln. An dieser Stelle sei jedoch erwähnt, dass Gelenkigkeit bzw. Beweglichkeit auch genetisch bedingt sind. Aus diesem Grund gibt es einige, die scheinbar mühelos in den Spagat rutschen, während andere dies trotz jahrelanger Mühen nie erreichen werden.

Körpereigene Grenzen erweitern

Ihre körpereigenen Grenzen werden sich auf jeden Fall relativ schnell über Ihre Erwartungen hinaus positiv erweitern – doch das erfordert Training, Konzentration, Bereitschaft und vor allem Geduld. Unsere Grenzen sind nicht selten tagesform- bzw. saisonal bedingt. So können Sie beobachten, dass Ihr Körper während der heißen Sommertage wesentlich weniger Zeit braucht, um sich zu erwärmen, und dadurch auch flexibler ist als im Winter.

> **Tipp TIPP Tipp**
>
> **Bewahren Sie sich Ihre Muskeln**
>
> Ab dem 30. Lebensjahr nimmt die Muskelmasse pro Jahrzehnt um etwa zehn Prozent ab, sofern keine gezielte Kräftigung dem Verlust entgegenwirkt. Also, tun Sie etwas!

Üben Sie konzentriert und kontrolliert

Wenn Sie bereits Erfahrungen mit Ballett, Pilates, Yoga oder Stretching gemacht haben, werden Sie wissen, wie wichtig die konzentrierte und vor allem kontrollierte Bewegungsausführung ist. Die Muskeln sollten durch ein Aufwärmtraining optimal erwärmt und vorbereitet sein. Deshalb ist es auch keine gute Idee, »mal eben schnell zwischendurch« ein paar Übungen einzubauen. Die Übungen erfordern Ihre gesamte Aufmerksamkeit, physisch und psychisch. Seien Sie sich dessen bewusst und handeln Sie danach!

Berücksichtigen Sie Ihr eigenes Körperkonzept!

Unser Körper folgt zunächst seinem eigenen Körperkonzept. Dies hängt von der jeweiligen sportlichen (In-)Aktivität ab. So verfügen Fußballer über extrem austrainierte Beinmuskeln und hätten mit Sicherheit zunächst Schwierigkeiten mit den Dehnübungen. Schauen Sie sich Tennisspieler, Schwimmer, Balletttänzer oder Bodybuilder genau an. Sie demonstrieren schon mit ihrer physischen Erscheinung komplett unterschiedliche Körperkonzepte. Die Muskeln, Sehnen, Bänder und Gelenke und vor allem unser Kopf folgen stur diesem Konzept. Lassen Sie sich daher Zeit auf dem Weg zu Ihrem neuen Muskelgedächtnis. Dieses will peu à peu erlernt werden.

Gehen Sie behutsam mit sich um

Nehmen Sie sich und die Übungen absolut ernst. Vermeiden Sie hausgemachten Druck: »Also früher, da konnte ich das spielend. Das muss doch noch gehen!« Es wird gehen, und mit ein wenig Ausdauer, Kontinuität und Disziplin mit großer Wahrscheinlichkeit genauso gut wie »früher«. Bleiben Sie ruhig und gelassen mit der festen Überzeugung in petto, dass Sie es schaffen und erstaunliche Ergebnisse erzielen werden!

Tipp **TIPP** Tipp

Den Füßen Aufmerksamkeit schenken!

Die Tatsache, dass unser Körpergewicht den lieben, langen Tag auf unseren Füßen lastet, wird häufig vernachlässigt. Ballett-Workout nimmt sich Ihre Füße genauer vor: Füße und Fußgelenke werden kräftiger, die Zehen länger. Sollten Sie auf einmal größere Schuhe brauchen, ist dies ein untrügliches Zeichen dafür, dass Sie wirklich intensiv trainiert haben.

Faszination Ausstrahlung!

Nicht jeder hat es, aber jeder möchte es: dieses »gewisse Etwas«! Charismatische Persönlichkeiten beeindrucken allein schon durch ihre Präsenz. Sie stechen aus der Masse hervor und füllen mit ihrer Aura ganze Konzertsäle. Woran liegt das?
Wenn auch das Geheimnis »Charisma« eines ganzen Buches bedürfte, so tragen Sport und Bewegung wesentlich dazu bei, Selbstbewusstsein und Persönlichkeit positiv zu bestärken. Und mit dem Wissen, dass Körper und Geist eine Einheit bilden, wirkt sich Ihr Trainingserfolg nicht zuletzt auch auf Ihre persönliche Ausstrahlung aus.

Ihre Erfolgsphilosophie

Mein Programm stützt sich auf folgende fünf Erfolgsprinzipien, deren Verinnerlichung ich Ihnen gerne ans Herz legen möchte. Sie bilden sowohl im privaten als auch im beruflichen Leben den Grundstein für dauerhaften Erfolg. Lesen Sie sich die Tipps bitte konzentriert durch.

Der Erfolg beginnt im Kopf

Wo ein Wille ist, da ist auch ein Weg! Oder kennen Sie jemanden, der das Rauchen erfolgreich aufgegeben hat, obwohl er es nicht wirklich wollte? Genauso verhält es sich mit Ihrem sportlichen Erfolg: Sie müssen es wollen! Stellen Sie sich vor, was Sie alles erreichen können: eine schöne Haltung, geballte Körperkraft, geschmeidige Bewegungen, Ausdrucksstärke und mentale Power! Nutzen Sie die Macht Ihrer Vorstellungskraft und gehen Sie stets in freudiger Erwartung auf Ihre Ergebnisse an das Training heran.

> **TIPP**
>
> **Ihre strahlende Persönlichkeit**
> Die Nebenwirkungen Ihrer »strahlenden Persönlichkeit« bekommen Sie nicht nur an sich selbst zu spüren, sondern auch im Beruf, in der Familie und im Freundeskreis. Ihre gesamte Erscheinung wirkt anmutiger und aktiver, Ihre Bewegungen erscheinen fließender und geschmeidiger. Vielleicht kleiden Sie sich sogar anders. Sie stehen fest auf beiden Beinen, strahlen Zufriedenheit, Willensstärke und Selbstvertrauen aus. Insgesamt werden Sie stressresistenter und meistern knifflige Angelegenheiten sehr viel gelassener. Lassen Sie sich bewundern!

Halten Sie durch!

»Heute hier – morgen da« wird Sie langfristig nicht weiterbringen und auch nicht zufriedenstellen. Entscheiden Sie sich daher für eine Sache, für die Sie »brennen«, und ziehen Sie sie dann aber auch konsequent durch!
Mit ein wenig Routine werden Sie während der Übungen wunderbar abschalten können. Das liegt daran, dass Sie sich voll und ganz auf sich selbst konzentrieren und alles um sich herum vergessen. Das entspannt und setzt unglaubliche Energien frei! Wenn Ihnen – wie ich hoffe – dieses Programm zusagt, dann bleiben Sie auch dabei! Nur so können Sie von seinem Nutzen voll und ganz profitieren.

Öfter mal abschalten!

Um den Alltagsstress besser kompensieren zu können, sollten Sie regelmäßig für Phasen der Ruhe sorgen. Diese gehören unbedingt dazu, wenn man sein inneres Gleichgewicht wiederherstellen will. Fragen Sie sich, was Sie wirklich entspannt! Ein heißes Bad, Sport, ein Treffen mit Freunden, ein schönes Buch? Handeln Sie konsequent danach: Verbringen Sie mindestens 30 Minuten am Tag mit Dingen, die Ihnen Freude machen!

Bleiben Sie beweglich!

Frei nach dem Motto »Wer rastet, der rostet«?! Ja! Auch wenn Sie oftmals das Gefühl haben, dass nach einem langen Tag nur noch die Couch ruft, raffen Sie sich dennoch auf. Bewegen Sie sich! So paradox es klingen mag: Bewegung füllt Ihre leeren Energiespeicher wieder auf. Fördern Sie Ihre Beweglichkeit und seien Sie aktiv! Dadurch werden nicht nur Ihre Gelenke drehfreudiger, sondern auch Sie selbst.

Sie können mehr, als Sie denken!

Vergessen Sie das nicht, auch wenn es hier und da einmal schwierig wird. Bleiben Sie standhaft und selbstbewusst, stets mit der vollen Überzeugung, dass Sie es schaffen werden! Genießen Sie sich und Ihren neuen Körper voll und ganz. Zeigen Sie sich ruhig voller Stolz Ihren Mitmenschen! Die werden staunen und unbedingt wissen wollen, was Ihr »gewisses Etwas« ist!

Goldene Regeln

Die nachfolgenden Tipps werden Sie die gesamten Exercises über begleiten. Bitte lesen Sie sie mit Aufmerksamkeit. Sie sind ein wesentlicher Schritt auf dem Weg zu Ihrem Erfolg und sollten Ihnen im Laufe der Zeit in Fleisch und Blut übergehen!

1. Die Körperspannung ist das A & O!
2. Den Hals immer in Verlängerung der Halswirbelsäule strecken!
3. Grundsätzlich die Schultern unten und innen halten!
4. Den eigenen Körper stets in die Länge denken und ziehen!
5. Den Rücken so gerade wie möglich halten!
6. Po fest zusammenkneifen, Bauchnabel nach innen ziehen, die Brust rausstrecken!
7. Die Arme sollten weich sein – machen Sie keine spitzen Ellenbogen!
8. Die Finger stets locker und leicht geöffnet halten!
9. Die Füße strecken, die Zehen lang machen!
10. Bleiben Sie fest auf den Füßen stehen – nicht auf die Innen- bzw. Außenkanten der Füße kippen!
11. Die Hüftknochen bleiben stets parallel zueinander. Das Becken unbedingt fixieren und nicht kippen oder verdrehen!
12. Akzeptieren Sie Ihre körpereigenen Grenzen! Bei Schmerzen sollten Sie die Übung sofort abbrechen! Die Muskeln nur so weit beanspruchen, bis ein »Ziehen« zu spüren ist.
13. Bei Knieproblemen die Beine ruhig ein wenig gebeugt lassen.
14. Bei Rückenproblemen Extrempositionen wie die Überstreckung der Wirbelsäule vermeiden.
15. Sie sollten akute Beschwerden Ihres Körpers unbedingt vollständig auskurieren, bevor Sie mit dem Training beginnen! Bei Unsicherheiten fragen Sie bitte Ihren Arzt!

2 Los geht's! – Die Basis-Exercises

Nun sollen den Reden auch Taten folgen. Alles, was Sie brauchen, ist funktionelle Sportbekleidung, die mindestens genauso dehnbar ist wie Sie, und nach Belieben (klassische) Musik! Barfuß, in Gymnastikschuhen oder Strümpfen kann es schon losgehen. Viel Spaß mit den folgenden Übungen!

Leichter Start

Die folgenden Basisübungen bilden das Fundament für Ihre Haltung, Standfestigkeit und Körperkraft. Die Exercises dauern etwa 15 Minuten und eignen sich sehr gut für Einsteiger und zum Aufwärmen. Sie sollten aber auch von Fortgeschrittenen immer wieder geübt werden und das Ballett-Workout eröffnen. Als »Neuling« machen Sie sich bitte vier bis sechs Wochen lang mit den Basisübungen vertraut. Absolvieren Sie diese mit »links«, so sind Sie bestens für die Mittelstufe vorbereitet.

Übungsablauf:

1. Stellen Sie sich aufrecht hin. Öffnen Sie Ihre Füße V-förmig etwa in einem 45°-Winkel nach außen, sodass sich beide Fersen berühren. Das ist die erste Fußposition.
Fortgeschrittene oder Fast-Profis können ihre Füße so weit nach außen drehen, bis sie eine Linie ergeben.
2. Runden Sie Ihre Arme leicht mit weichen Ellenbogen vor dem Oberkörper, als würden Sie einen imaginären Korb vor sich tragen. Das ist die erste Armposition. Die Handflächen zeigen nach innen, die Finger sind lang und locker.
3. Strecken Sie Ihre Knie. Spannen Sie Po und Oberschenkel fest an. Ziehen Sie bewusst Ihre Schultern nach unten, strecken Sie den Hals, heben Sie Ihr Dekolleté und ziehen Sie den Bauch ein. Von der Seite betrachtet bildet Ihr Körper eine Linie.

Wiederholung: Mehrere Male.

■ Visualisierung:
Denken Sie sich nach oben und unten in die Länge, als wäre Ihr Kopf an einem Marionettenfaden befestigt.

■ Wirkung:
Baut Körperhaltung und Standfestigkeit auf. Fördert Balance und Konzentration. Bereitet auf das Training vor.

A – Übung 1
Turnout (1. Position)

Wichtig
Verteilen Sie das Gewicht gleichmäßig auf beide Beine und Fußsohlen. Die Zehen bleiben gestreckt.

DIE BASIS-EXERCISES

A – Übung 2
Turnout (2. Position)

Übungsablauf:
1 Strecken Sie Ihr rechtes Bein von der ersten Position ausgehend zur Seite aus und stellen Sie Ihren Fuß flach auf den Boden. Ihre Füße sind jetzt durch eine Fußlänge voneinander getrennt. Das ist die zweite Fußposition. Je nach Auswärtsdrehung bilden Ihre Füße eine V-Form bzw. eine Linie.
2 Strecken Sie beide Arme mit weichen Ellenbogen auf Schulterhöhe zur Seite aus. Das ist die zweite Armposition. Die Schulter- und Nackenpartie bleibt unbedingt entspannt.
Wiederholung: Üben Sie den Wechsel von der ersten zur zweiten Position einige Male.

■ Visualisierung:
Denken Sie sich nach oben und unten in die Länge, als wäre Ihr Kopf an einem Marionettenfaden befestigt.

■ Wirkung:
Baut Körperhaltung und Standfestigkeit auf. Fördert Balance und Konzentration. Bereitet auf das Training vor.

Achtung:
Verteilen Sie das Gewicht gleichmäßig auf beide Beine und Fußsohlen und stehen Sie nicht auf den Innen- oder Außenkanten.
Die Zehen bleiben gestreckt.

LEICHTER START

**A – Übung 3
Kopfkreisen**

Übungsablauf:
1 Stellen Sie sich in die erste Position, wie in der Übung Turnout (1. Position) beschrieben. Halten Sie die Grundspannung: Po und Beine fest anspannen, Bauchnabel nach innen ziehen, Schulterblätter unten und innen halten, Nacken lösen! Diese Übung ist zum Genießen!
2 Beschreiben Sie nun mit Ihrem Kopf einen Halbkreis: Drehen Sie ihn langsam über vorn zum rechten Ohr und dann zum linken Ohr. Schließen Sie ruhig die Augen dabei und lassen Sie bewusst »los«.
Wiederholung: 4- bis 8-mal pro Seite.

■ **Visualisierung:**
Sie malen mit Ihrem Kopf einen Halbkreis.

■ **Wirkung:**
Lockert die Hals-Nacken-Muskulatur sanft. Fördert die Beweglichkeit der Halswirbelsäule. Entspannt.

Achtung:
Bei dieser Übung gilt das Hauptaugenmerk Schultern und Nacken. Lassen Sie locker! Verbannen Sie den »Alltags-Rucksack« von Ihren Schultern.

DIE BASIS-EXERCISES

A – Übung 4
Relevé
(Auf die Zehenspitzen heben)

Achtung:
Die Fußgelenke müssen unbedingt fest bleiben, damit sie nicht wegknicken. Die Zehen bleiben lang – bitte nicht krallen!

Übungsablauf:
1 Stellen Sie sich in die erste Position. Halten Sie die Grundspannung. Die Arme befinden sich leicht gerundet vor Ihrem Körper.
2 Um den Körper besser aufrichten zu können, gehen Sie mit der Einatmung auf die Zehenspitzen. Gleichzeitig führen Sie Ihre Arme tulpenförmig über dem Kopf zusammen und schauen nach vorn. Halten Sie die Balance ein paar Sekunden lang. Spannen Sie Po und Beine ganz fest an – Bauch rein, Brust raus, Schultern runter und den Hals lang strecken!
3 Mit der Ausatmung senken Sie Ihre Fersen wieder auf den Boden. Die Arme sind wieder unten.
Wiederholung: 5- bis 10-mal.

■ **Visualisierung:**
An Ihrem Scheitel befindet sich ein Marionettenfaden, der Sie wie von selbst nach oben zieht!

■ **Wirkung:**
Stabilisiert die Fußgelenke. Trainiert die Bein-, Po- und Wadenmuskulatur, sorgt für eine gute Haltung.

LEICHTER START

Übungsablauf:
1. Stellen Sie sich aufrecht in die erste Position. Ziehen Sie Ihren Körper bewusst in die Länge und halten Sie die Körperspannung. Die Arme sind leicht gerundet vor Ihrem Oberkörper, als würden Sie einen Korb vor sich tragen.
2. Mit der Einatmung beugen Sie beide Knie etwa in einem 45°-Winkel, ohne dabei die Füße vom Boden zu heben. Kneifen Sie Po- und Beinmuskeln fest zusammen. Verteilen Sie das Gewicht gleichmäßig auf Ihren Füßen. Halten Sie die Muskelspannung einen Moment lang.
3. Mit der Ausatmung strecken Sie die Beine wieder.

Wiederholung: 5- bis 10-mal.

■ **Visualisierung:**
Sie stehen zwischen zwei engen Mauern, die sofort umfallen würden, wenn Ihr Po nach hinten herausragt oder Ihr Oberkörper nach vorn ausweichen möchte.

■ **Wirkung:**
Trainiert die Bein- und Pomuskulatur.

A – Übung 5
Demi plié (Halbe Kniebeuge)

Achtung:
Bleiben Sie kerzengerade! Verteilen Sie das Gewicht gleichmäßig auf beiden Beinen und Fußsohlen. Stehen Sie nicht auf den Innen- oder Außenkanten. Die Zehen bleiben lang – bitte nicht krallen!

DIE BASIS-EXERCISES

A – Übung 6
Grand plié (Große Kniebeuge)

Übungsablauf:
1 Stellen Sie sich aufrecht mit Körperspannung in die erste Position, die Arme sind auf Schulterhöhe zu den Seiten hin ausgestreckt.
2 Beugen Sie Ihre Beine ins Demi plié, also auf 45°. Ihre Knie befinden sich genau über den Fußspitzen. Beugen Sie Ihre Beine langsam weiter, während Sie Knie und Fersen möglichst nach außen drehen. Lassen Sie Ihre Füße so lange es geht auf dem Boden. Führen Sie die Arme leicht gerundet vor sich. Ziehen Sie Ihren Bauch nach innen, spannen Sie Beine und Po an.
3 Kommen Sie mit der Ausatmung langsam in die Ausgangsposition zurück. Drücken Sie dabei zuerst Ihre Fersen auf den Boden.

Wiederholung: 5- bis 10-mal.

■ Visualisierung:
Sie stehen zwischen zwei engen Mauern, die sofort umfallen würden, wenn Ihr Po nach hinten herausragt oder Ihr Oberkörper nach vorn ausweichen möchte.

■ Wirkung:
Strafft und dehnt die Oberschenkelmuskulatur. Trainiert Waden und Po. Fördert Konzentration, Balance und Beweglichkeit. Dehnt die Achillessehnen.

Achtung:
Bei Neigung zu X-Beinen ist besonders darauf zu achten, das Gewicht gleichmäßig auf den Füßen zu verteilen.

LEICHTER START 37

A – Übung 7 Battement tendu (Fußgleiten)

Übungsablauf:
1. Stellen Sie sich in die erste Fußposition. Beide Arme sind auf Schulterhöhe zur Seite ausgestreckt. Der Hals ist gestreckt, der Brustkorb kommt raus, Po und Oberschenkel sind ganz fest angespannt.
2. Verlagern Sie Ihr Körpergewicht auf das Standbein (hier: links) und führen Sie den freien Fuß auf einer Linie nach vorn, bis Ihr Bein vollkommen gestreckt ist. Ihre Fußspitze berührt den Boden, der Fuß ist leicht auswärtsgedreht.
3. Ziehen Sie Ihr Bein wieder in die erste Position zurück.
4. Strecken Sie das Bein nun auch zur Seite aus. Setzen Sie die Fußspitze auf und schließen Sie das Bein wieder in die erste Position.
5. Zum Schluss führen Sie den Fuß nach hinten und wieder zurück.

Wiederholung: 5- bis 10-mal pro Seite.

■ **Visualisierung:**
Sie malen mit Ihrer Fußspitze Linien auf den Fußboden.

■ **Wirkung:**
Macht die Füße beweglich. Kräftigt Oberschenkel- und Pomuskulatur. Fördert Balance und Konzentration.

DIE BASIS-EXERCISES

A – Übung 8
**Rond de jambe par terre
(Beinkreis auf dem Boden)**

Übungsablauf:
1 Stellen Sie sich aufrecht in die erste Fußposition. Die Arme sind zu den Seiten auf Schulterhöhe ausgestreckt. Verlagern Sie Ihr gesamtes Körpergewicht auf Ihr Standbein (hier: links!) und führen Sie das freie »Spielbein« wie in der vorherigen Übung »Battement tendu« gestreckt nach vorn. Die Fußspitze berührt den Boden.
2 Beschreiben Sie mit Ihrer Fußspitze einen Halbkreis nach hinten im Uhrzeigersinn. Schleifen Sie dabei Ihren Fuß zum Schluss immer »sauber« durch die erste Position wieder nach vorn. Mit dem Einatmen öffnen Sie den Kreis, mit dem Ausatmen schließen Sie ihn in der ersten Position. Malen Sie ein paar Kreise. Führen Sie anschließend die Beinkreise gegen den Uhrzeigersinn aus. Beinwechsel.
Wiederholung: 5- bis 10-mal pro Seite.

■ **Visualisierung:**
Ihr großer Zeh ist ein Pinsel, mit dem Sie große Kreise auf den Boden malen.

■ **Wirkung:**
Fördert Balance und Konzentration. Stabilisiert das Becken. Trainiert Oberschenkel- und Pomuskulatur.

Achtung:
Führen Sie die Beinkreise aus, ohne Ihr Becken dabei zu verdrehen. Die Bewegung wird allein von den Beinen übernommen.

LEICHTER START **39**

A – Übung 9 Petit battement (Kleiner Beinschlag)

Übungsablauf:
1 In der Ausgangsposition berührt Ihr gestreckter Fuß das linke Standbein vorn am Fußgelenk. Dazu müssen Sie Ihr »Spielbein« ein wenig beugen und nach außen drehen. Die Arme sind zu beiden Seiten auf Schulterhöhe ausgestreckt, die Schultern fallen runter. Heben Sie stolz Ihren Brustkorb und ziehen Sie Ihren Bauch ein. Finden Sie Ihr Gleichgewicht.
2 Bringen Sie Ihren Fuß nach hinten und »schlagen« Sie sanft gegen das Fußgelenk Ihres Standbeines. Nun bitte mit dem Fuß wieder nach vorn schlagen.
3 Wiederholen Sie die kleinen Beinschläge einige Male kurz und schnell. Seitenwechsel.
Wiederholung: 20- bis 30-mal pro Seite.

■ **Visualisierung:**
Sie »schlagen« sanft mit der Fußspitze den Takt einer Musik.

■ **Wirkung:**
Fördert Balance und Konzentration. Trainiert die Oberschenkel- und Pomuskulatur. Fixiert das Becken.

DIE BASIS-EXERCISES

A – Übung 10
Passé (Ein Bein heben)

Achtung:
Der Fuß berührt das Standknie nur leicht und wird nicht neben dem Knie »geparkt«! Ihr Becken darf nicht zur Seite wegkippen.

Übungsablauf:
1 Ausgangsstellung ist die erste Fußposition. Stehen Sie fest und lang. Die Arme sind vor dem Körper leicht angehoben und gerundet. Die Ellenbogen bleiben weich.
2 Verlagern Sie Ihr Gewicht nun auf das linke Standbein und führen Sie den freien Fuß vom Fußgelenk bis zum Knie hoch. Drehen Sie dabei Ihren Unterschenkel nach außen und strecken Sie Ihren Fuß. Die Zehenspitzen berühren das Standbein vorn am Knie nur leicht. Nicht abstützen! Nehmen Sie gleichzeitig Ihren linken Arm auf Schulterhöhe zur Seite.
3 Setzen Sie das Bein in die erste Position zurück. Beide Arme sind wieder vor dem Körper.
Wiederholung: 5- bis 10-mal pro Seite.

■ Visualisierung:
Ihr Bein wird mühelos von einem Marionettenfaden nach oben gezogen.

■ Wirkung:
Basis für eine Vielzahl von Übungen. Hilfsbewegung, durch die das Bein von einer Position in die nächste gebracht wird. Trainiert außerdem die Beinmuskulatur. Fördert auch Standfestigkeit und Konzentration.

LEICHTER START **41**

A – Übung 11 Attitude vor (Ein Bein gebeugt nach vorn heben)

Übungsablauf:
1 Aus der ersten Position strecken Sie Ihr rechtes Bein lang nach vorn aus, bis die Fußspitze den Boden berührt. Drehen Sie Ihr Bein, ohne die Hüfte mitzunehmen, leicht nach außen. Der dem Standbein entsprechende Arm ist oben, der andere auf Schulterhöhe zur Seite ausgestreckt.
2 Heben Sie Ihr rechtes Bein etwa in einem 90°-Winkel gebeugt nach vorn. Neigen Sie Ihren Unterschenkel dabei leicht nach außen; das Knie steht höher als die Fußspitze. Strecken Sie den Fuß. Gleichzeitig beugen Sie Ihr Standbein ein wenig – ins Plié.
3 Führen Sie das obere Bein wieder in die Ausgangsposition zurück.

Wiederholung: 4- bis 8-mal pro Seite.

■ **Visualisierung:**
Ein Marionettenfaden zieht Sie vom Kopf aus in die Länge.

■ **Wirkung:**
Trainiert die Oberschenkel- und Hüftbeugemuskulatur sowie den Rücken. Fördert Balance und Beweglichkeit.

■ **Variation:**
Zur Vereinfachung halten Sie sich an einer Stuhllehne oder Tischkante fest.

42 DIE BASIS-EXERCISES

A – Übung 12 Attitude rück (Ein Bein gebeugt nach hinten heben)

Übungsablauf:
1 Aus der ersten Position führen Sie Ihren Fuß langsam und konzentriert zum Knie hoch – ins Passé. Die Arme sind vor dem Körper leicht gerundet.
2 Streifen Sie das Knie nur kurz mit Ihrem Fuß und heben Sie Ihr Bein etwa in einem 90°-Winkel gebeugt nach hinten. Drehen Sie Ihren Unterschenkel dabei leicht nach außen; Ihr Fuß steht höher als Ihr Kniegelenk und bleibt gestreckt. Der dem Standbein entsprechende Arm ist über dem Kopf, der andere auf Schulterhöhe zur Seite gestreckt.
Wiederholung: 4- bis 8-mal pro Seite.

■ **Visualisierung:**
Jemand zieht Sie von der Taille ausgehend nach oben bzw. das Bein nach hinten.

■ **Wirkung:**
Kräftigt die rückwärtige Beinmuskulatur, den Po und den Rücken. Fördert außerdem Balance, Beweglichkeit und Konzentration.

■ **Variation:**
Zur Vereinfachung lassen Sie das Standbein ein wenig gebeugt.

LEICHTER START **43**

A – Übung 13 Arabesque (Ein Bein gestreckt nach hinten heben)

Übungsablauf:
1 Aus der ersten Position strecken Sie ein Bein so nach hinten aus, dass die Fußspitze auf dem Boden steht. Der Bauch bleibt innen, die Schulter- und Nackenpartie sind entspannt.
2 Führen Sie Ihr hinteres Bein gestreckt nach oben. Beginnen Sie bei ca. 45° Beinhöhe und steigern Sie sich auf maximal 135° Höhe. Strecken Sie Ihren Oberkörper von der Taille ausgehend in die Länge. Der Arm auf der Seite des Standbeines wird nach vorn ausgestreckt, der andere nach hinten. Kurz halten und absetzen.
Wiederholung: 1- bis 2-mal pro Seite.

■ **Visualisierung:**
Sie versuchen mit Armen und Beinen eine Waage nachzubilden.

■ **Wirkung:**
Strafft die rückwärtige Beinmuskulatur, den Po und den unteren Rücken. Fördert Balance, Beweglichkeit und Konzentration.

■ **Variation:**
Zur Unterstützung halten Sie sich an einer Tischkante fest.

A – Übung 14
Seitbeuge

Übungsablauf:
1 Ihre Ausgangsstellung ist die erste Position. Stehen Sie fest und lang mit Körperspannung. Die Arme sind vor dem Körper leicht angehoben und gerundet. Die Ellenbogen sind weich.
2 Neigen Sie Ihren Oberkörper langsam zur linken Seite, ohne jedoch das Becken dabei zu verdrehen. Führen Sie gleichzeitig den rechten Arm nach oben, sodass Ihr Oberkörper bis in die Fingerspitzen einen großen Bogen ergibt. Bleiben Sie einen Moment in dieser Position und vergessen Sie bitte das Atmen nicht! Seitenwechsel.

Wiederholung: 2- bis 4-mal pro Seite.

■ Visualisierung:
Mit oberem Arm und Oberkörper bilden Sie ein »C«, während Sie mit dem unteren Arm einen Korb tragen.

■ Wirkung:
Dehnt die seitliche Rumpfmuskulatur. Formt eine schlanke Taille. Fördert Balance, Beweglichkeit und Ausdruck.

Achtung:
Halten Sie den Bauch eingezogen. Die Rippen bleiben innen und das Becken fest. Lassen Sie den Nacken entspannt – nicht verkrampfen.

LEICHTER START

Übungsablauf:

1. Führen Sie aus der ersten Position Ihre Arme tulpenförmig über den Kopf. Achten Sie auf einen langen Rücken und ein fixiertes Becken. Vermeiden Sie ein Hohlkreuz. Spannen Sie Bauch, Beine und Po fest an. Entspannen Sie Nacken und Schultern und atmen Sie normal weiter.
2. Beschreiben Sie mit Ihrem Oberkörper einen großen Kreis im Uhrzeigersinn. Beginnen Sie, Ihren Rumpf nach rechts zu neigen. Pressen Sie dabei Ihre Bauchmuskeln fest zusammen. Bleiben Sie unbedingt stabil.
3. Nun neigen Sie sich so weit wie möglich nach hinten, ohne dass Ihre Rippen »rausspringen«.
4. Beugen Sie sich nach links und kommen Sie von hier aus langsam und kontrolliert in die Ausgangsposition zurück. Führen Sie den Kreis in die andere Richtung aus – gegen den Uhrzeigersinn.

Wiederholung: 1- bis 2-mal pro Seite.

■ Visualisierung:
Ihre Beine sind eingegraben und Sie kreiseln dynamisch nur mit dem Oberkörper.

■ Wirkung:
Fördert Standfestigkeit, Konzentration und Beweglichkeit. Beansprucht besonders intensiv die Bauch- und Rückenmuskulatur.

**A – Übung 15
Körperkreis**

Achtung:
Die Übung darf intensiv sein, aber niemals Schmerzen oder Schwindel verursachen.

46 DIE BASIS-EXERCISES

A – Übung 16 Vor- und Rückbeuge

Übungsablauf:

1. Stellen Sie sich in die erste Position und führen Sie die Arme leicht gerundet über den Kopf. Atmen Sie ein und ziehen Sie Ihren Körper von der Taille ausgehend bewusst in die Länge. Die Schultern fallen runter! Achten Sie darauf, nicht ins Hohlkreuz zu fallen, sondern den Bauch fest dagegenzuhalten.
2. Mit der Ausatmung beugen Sie den Oberkörper mit geradem Rücken 90° nach vorn. Vom Kopf bis zum Steiß ergeben Sie eine Linie. Der Blick ist nach unten gerichtet.
3. Nun rollen Sie Ihren Rumpf Wirbel für Wirbel nach vorn ab. Ziehen Sie die Nasenspitze in Richtung Knie und lassen Sie Kopf und Schultern dabei ganz locker. Idealerweise berühren Ihre Hände den Boden. Wenn nötig, lassen Sie die Beine dabei ruhig ein wenig gebeugt.
4. Mit der nächsten Einatmung richten Sie Ihren Oberkörper mit lang gestrecktem Rücken zunächst wieder bis auf 90° auf (siehe Schritt 2).
5. Halten Sie die Stellung kurz und kommen Sie in die aufrechte Haltung (Schritt 1) zurück.

LEICHTER START **47**

6 Neigen Sie Ihren Oberkörper mit eingezogenem Bauch leicht nach hinten. Die Rippen dürfen dabei nicht »rausspringen«. Neigen Sie Ihren Kopf über die Schulter zur Seite. Richten Sie sich schließlich wieder in die Ausgangsposition auf.
Wiederholung: 1- bis 2-mal.

■ **Visualisierung:**
Stellen Sie sich vor, Sie würden Ihren Bauch bzw. beim Nach-hinten-Lehnen Ihren Rücken über einen Stacheldrahtzaun beugen, mit dem Sie auf keinen Fall in Berührung kommen möchten.

■ **Wirkung:**
Dehnt die Beinrückseiten sowie die Rücken-, Bauch- und Nackenmuskulatur. Fördert die Beweglichkeit. Durchblutet außerdem den Kopf.

Achtung:
Lassen Sie den Hals immer ganz lang. Berücksichtigen Sie außerdem Ihre Grenzen. Bei Schwindel oder Unwohlsein hören Sie bitte sofort auf!

3 Die Mittelstufe: Exercises im Stand

In diesem Kapitel erwartet Sie ein tänzerisch-athletisches Körpertraining mit dynamischen und intensiven Elementen aus Ballett, Yoga und Pilates. Die Übungen sind ein wahres Kraftpaket und möchten Sie von Kopf bis Fuß herausfordern. Aber nur Mut, Sie schaffen das ganz sicher!

Haltung –
Körperkraft – Balance

Bitte gehen Sie niemals »kalt« in die folgenden Übungen hinein. Ein 10- bis 15- minütiges Aufwärmen ist dringend erforderlich. Hierzu eignen sich die Basisübungen aus dem vorigen Kapitel besonders gut.
Halten Sie sich auch hier an die vorgegebene Reihenfolge und lassen Sie bei Schwierigkeiten ruhig die eine oder andere Übung aus. Für das Mittelstufen-Programm benötigen Sie etwa 30 Minuten Zeit.
Bitte machen Sie sich in aller Ruhe mit den Übungen vertraut, bevor Sie Ihr Training um die nächste Stufe erweitern.

HALTUNG – KÖRPERKRAFT – BALANCE

Übungsablauf:
1 Öffnen Sie Arme und Beine in die erste Position. Spannen Sie Ihre Oberschenkel an. Lassen Sie bewusst die Schultern unten und den Nacken ganz lang und locker.
2 Springen Sie mit maximaler Körperspannung ein paar Zentimeter in die Luft. Die Sprünge sind kurz, dynamisch und rhythmisch. Halten Sie sich dabei von Kopf bis Fuß kerzengerade. Strecken Sie Ihre Zehen. Die V-Form der Füße sowie die Armposition werden während der ganzen Übung beibehalten.
3 Landen Sie immer auf dem ganzen Fuß und kippen Sie weder auf die Außen- noch auf die Innenkanten.
Wiederholung: 10- bis 25-mal.

■ Visualisierung:
Auf einem imaginären Fixpunkt hüpfen Sie mühelos wie ein »Flummi« dynamisch auf und ab.

■ Wirkung:
Kräftigt Bein-, Po- und Fußmuskulatur. Stabilisiert die Fußgelenke. Fördert außerdem Standfestigkeit, Konzentration und Ausdauer.

■ Variation:
Die Sprünge können auch in der zweiten Fußposition ausgeführt werden. Öffnen Sie Ihre Beine hierzu eine Fußlänge und heben Sie Ihre Arme mit weichen Ellenbogen auf Schulterhöhe zur Seite.

B– Übung 1
Springen in der ersten Position

Achtung:
Stabilisieren Sie besonders Ihr Becken, um nicht ins Hohlkreuz zu fallen. Springen Sie gerade nach oben: »Start- und Landepunkt« sind identisch.

EXERCISES IM STAND

**B – Übung 2
Taillenformer**

Übungsablauf:
1 Stellen Sie sich gerade hin und öffnen Sie Ihre Füße etwa eine Beinlänge. Drehen Sie beide Füße leicht nach außen und strecken Sie Ihre Arme auf Schulterhöhe zu den Seiten hin aus. Ziehen Sie den Bauchnabel nach innen und Ihren Oberkörper schön in die Länge.
2 Mit der Einatmung schieben Sie Ihren Oberkörper langsam zur rechten Seite. Lassen Sie dabei Rippen und Bauch innen. Ihr Becken bleibt fixiert.
3 Atmen Sie aus und schieben Sie Ihren Rumpf kraftvoll, aber konzentriert zur linken Seite. Wiederholen Sie den Wechsel rechts – links einige Male. Kehren Sie zur Mitte zurück.
Wiederholung: 4- bis 8-mal pro Seite.

■ Visualisierung:
Ihre Beine sind eingegraben; mit den Händen versuchen Sie abwechselnd links und rechts die Wand zu berühren.

■ Wirkung:
Formt eine schlanke Taille. Kräftigt die seitliche Rumpfmuskulatur. Fördert die Beweglichkeit der Wirbelsäule.

Achtung:
Diese Übung konzentriert sich ganz auf Ihre Rumpfmuskulatur. Verdrehen Sie Ihr Becken nicht.

HALTUNG – KÖRPERKRAFT – BALANCE 53

B – Übung 3 Seitbeuge mit Plié

Übungsablauf:
1 Öffnen Sie Ihre leicht nach außen gedrehten Füße etwa eine Beinlänge und strecken Sie die Arme auf Schulterhöhe seitlich aus.
2 Beugen Sie Ihr rechtes Bein so weit, bis Fußgelenk und Knie auf einer Ebene stehen. Gleichzeitig neigen Sie Ihren Oberkörper ebenfalls nach rechts. Der untere Arm ist jetzt leicht gerundet vor Ihrem Körper, während der obere nahe am Ohr in hohem Bogen über den Kopf geführt wird. Der Blick geht nach unten. Kurz halten und die Seite wechseln.
Wiederholung: 4- bis 8-mal pro Seite.

■ **Visualisierung:**
Sie verlagern Ihren Körper mit harmonischen Bewegungen von rechts nach links.

■ **Wirkung:**
Dehnt die seitliche Rumpfmuskulatur und die Zwischen-Rippen-Muskeln. Fördert die Beweglichkeit der Wirbelsäule. Kräftigt die Bauch-, Bein- und Fußmuskulatur.

B – Übung 4 Plié auf Zehenspitzen

Übungsablauf:

1 Öffnen Sie Ihre Arme und Beine in die zweite Position. Spannen Sie Ihre Oberschenkel fest an und aktivieren Sie Bauch- und Pomuskeln. Kommen Sie jetzt auf die Zehenspitzen ins Relevé. Stabilisieren Sie die Fußgelenke und finden Sie Ihre Balance.

2 Mit der Einatmung beugen Sie Ihre Beine etwa in einem 45°-Winkel. Drehen Sie dabei die Knie und Fersen nach außen. Die Fußgelenke dürfen nicht wegknicken.

3 Mit der Ausatmung strecken Sie Ihre Beine wieder und kehren auf die Zehenspitzen zurück. Halten Sie die Position und wiederholen Sie das Beugen und Strecken.

Wiederholung: 8- bis 16-mal.

■ Visualisierung:

Mit fließenden Bewegungen gleiten Sie zwischen zwei engen Mauern stehend mühelos auf und ab.

■ Wirkung:

Kräftigt die Bein-, Po- und Fußmuskulatur. Stabilisiert die Fußgelenke.

■ Variation:

Zur Vereinfachung lassen Sie Ihre Fersen auf dem Boden.

HALTUNG – KÖRPERKRAFT – BALANCE

Übungsablauf:
1 Stellen Sie sich aufrecht in die erste Fußposition. Die Arme sind zu den Seiten auf Schulterhöhe ausgestreckt. Verlagern Sie Ihr Gewicht auf das linke Standbein. Gleiten Sie langsam mit Ihrem freien Fuß vom Knöchel ausgehend zum Kniegelenk ins Passé (vgl. nächste Übung).
2 Strecken Sie Ihr »Spielbein« etwa in Höhe von 45° (wahlweise auch höher) gerade zur Seite aus. Lassen Sie dabei Ihr Becken gerade.
3 Beschreiben Sie mit Ihrem Unterschenkel einen Kreis im Uhrzeigersinn. Dazu berühren Sie mit Ihrer Fußspitze immer leicht das Knie und führen dann Ihr Bein in einer dynamischen Kreisbewegung in die Streckung zurück.

Wiederholung: 5- bis 10-mal pro Seite.

■ Visualisierung:
Ihr großer Zeh ist ein Pinsel, mit dem Sie große Kreise in die Luft malen.

■ Wirkung:
Fördert die Balance und Konzentration. Stabilisiert das Becken. Trainiert die Oberschenkel- und Pomuskulatur.

B – Übung 5
Rond de jambe en l'air (Beinkreis in der Luft)

Achtung:
Heben Sie Ihr Bein nur so hoch, wie Sie Ihr Becken gerade halten können. Stellen Sie sich gegebenenfalls vor einen Spiegel, um sich zu kontrollieren.

56 EXERCISES IM STAND

B – Übung 6 Passé-développé

Übungsablauf:

1. Von der ersten Position ausgehend verlagern Sie Ihr Gewicht auf das linke Standbein und gleiten langsam mit Ihrem freien Fuß vom Knöchel zum Kniegelenk – ins Passé.
2. Beugen Sie Ihr Standbein ein wenig (Plié!) und strecken Sie das obere Bein in Höhe von 45° (wahlweise auch in Höhe von 90°, 135°) nach vorn aus. Drehen Sie Ihr Bein leicht nach außen und strecken Sie den Fuß. Mit der Beinstreckung öffnen Sie gleichzeitig beide Arme in die zweite Position. Kurz halten und in die Ausgangsposition zurückkehren.
3. Führen Sie Ihr Bein wieder ins Passé.
4. Zur Seite: Diesmal heben Sie das Bein etwa in einem 45°- (90°-, 135°-) Winkel gestreckt zur Seite. Die Arme sind zur Seite ausgestreckt. Ausbalancieren und absetzen.
5. Nach hinten: Strecken Sie Ihr Bein 45° (90°, 135°) über Passé nach hinten aus. Balance halten und absetzen. Seitenwechsel.

Wiederholung: 1- bis 2-mal pro Seite.

■ Visualisierung:

Ihr Bein »klappt« wie ein Taschenmesser nach vorn, zur Seite und dann nach hinten auf.

HALTUNG – KÖRPERKRAFT – BALANCE 57

■ **Wirkung:**
Bei dieser Übung kommt die Kraft in erster Linie aus der Körpermitte. Kräftigt Bauch und Rücken sowie Beine und Po. Fördert die Standfestigkeit und Konzentration.

■ **Variation:**
Zur Vereinfachung halten Sie sich an einer Tischkante oder Stuhllehne fest.

Achtung:
Halten Sie den Rücken gerade. Nacken- und Schultermuskulatur bleiben entspannt. Führen Sie Ihr Bein wirklich nur so hoch, wie Sie die Balance halten können, ohne Ihr Becken zu verdrehen. Akzeptieren Sie unbedingt Ihre körpereigenen Dehnungsgrenzen.

EXERCISES IM STAND

B – Übung 7 Grand battement (Großer Beinschlag)

Übungsablauf:

1. Stellen Sie sich in die erste Position. Die Arme sind in der zweiten Position fixiert. Verlagern Sie Ihr Gewicht auf das linke Standbein und schleifen Sie den freien Fuß leicht über den Boden, um dann das »Spielbein« kurz und schnell nach oben zu »schwingen«.
2. Senken Sie das »Spielbein« wieder, indem Sie die Abwärtsbewegung etwas abbremsen. Tippen Sie mit der Fußspitze leicht auf den Boden. Schließen Sie die Füße wieder in der ersten Position.
3. Zur Seite: Bein zur Seite schwingen, Fuß absetzen, Beine schließen.
4. Nach Rück: Bein nach hinten schwingen, Fuß absetzen, Beine schließen. Seitenwechsel.

Wiederholung: 2- bis 4-mal pro Seite.

■ Visualisierung:
Ihr Bein schwingt wie ein Pendel nach vorn, zur Seite und nach hinten.

■ Wirkung:
Kräftigt Bauch, Rücken, Beine und Po.

■ Variation:
Lassen Sie Ihr Standbein gebeugt und/oder halten Sie sich an einer Tischkante oder Stuhllehne fest.

HALTUNG – KÖRPERKRAFT – BALANCE

B – Übung 8 Tischplatte (Flat Back)

Übungsablauf:

1 Verwurzeln Sie Ihre hüftbreit geöffneten Füße fest im Boden. Strecken Sie Ihren Oberkörper in die Länge. Führen Sie beide Arme tulpenförmig über den Kopf. Atmen Sie ein.

2 Mit dem Ausatmen neigen Sie Ihren Oberkörper mit geradem Rücken langsam und konzentriert so weit nach vorn, bis Rumpf und Oberschenkel in einem rechten Winkel zueinanderstehen.

3 Lassen Sie Ihren rechten Arm nach vorn ausgestreckt, während Sie den linken auf einer Höhe mit Ihrem Rumpf nach hinten führen. Halten.

4 Seitenwechsel: Der linke Arm bleibt vorn, der rechte geht scharf nach hinten. Halten und Armwechsel.

Wiederholung: 8- bis 16-mal pro Seite.

■ **Visualisierung:**

Sie »bauen« mit Ihrem Oberkörper eine »Tischplatte«. Ihre Arme sind Flügel, die kraftvoll und kontrolliert vor und zurück schwingen.

■ **Wirkung:**

Kräftigt den Rücken. Dehnt außerdem die Beinrückseiten.

EXERCISES IM STAND

B – Übung 9   Rückenübung mit Beckenkippung (Contract – Release)

Übungsablauf:
1. Verwurzeln Sie Ihre hüftbreit geöffneten Füße fest mit dem Boden. Strecken Sie Ihren Oberkörper in die Länge. Führen Sie beide Arme tulpenförmig über den Kopf. Atmen Sie ein.
2. Mit dem Ausatmen neigen Sie Ihren Oberkörper mit geradem Rücken in die »Tischplatte« (vgl. vorige Übung).
3. Contract: Mit der Einatmung »saugen« Sie den Bauchnabel nach innen, als würden Sie sich über einen Stacheldrahtzaun beugen. Runden Sie konzentriert Wirbel für Wirbel Ihren Rücken. Machen Sie dazu ein leichtes Doppelkinn.
4. Release: Mit der Ausatmung lassen Sie den »Katzenbuckel« wieder los. Kippen Sie das Becken nach vorn, und machen Sie Ihren Rücken Wirbel für Wirbel gerade.

Wiederholung: 4- bis 8-mal.

■ Visualisierung:
Ihr Rücken rundet sich wie ein »Katzenbuckel« und wird wieder flach wie eine »Tischplatte«.

■ Wirkung:
Kräftigt den Rücken. Mobilisiert Becken und Wirbelsäule. Dehnt gleichzeitig die Beinrückseiten.

HALTUNG – KÖRPERKRAFT – BALANCE

Übungsablauf:

1 Öffnen Sie Ihre Beine etwa hüftbreit. Nehmen Sie die Position der »Tischplatte« ein (vgl. vorige Übung).
Von hier aus rollen Sie Ihren Oberkörper Wirbel für Wirbel langsam nach unten ab, bis Ihre Hände den Boden berühren.
2 »Laufen« Sie mit beiden Händen so weit nach vorn, bis Ihr Körper ein Dreieck formt. Senken Sie Ihre Fersen möglichst in Richtung Boden ab. Die Spitze des Dreiecks wird von Ihrem Steiß gebildet. Ziehen Sie den Bauch ein und schieben Sie den Po raus.
3 Drücken Sie sich mit der Einatmung auf die Zehenspitzen hoch. Halten Sie die Spannung einige Sekunden.
4 Mit der Ausatmung senken Sie die Fersen wieder ab. Wiederholen Sie den Wechsel zwischen Fersenheben und -senken einige Male. Kommen Sie langsam in die Ausgangsposition zurück.

Wiederholung: 5- bis 10-mal.

■ **Visualisierung:**
Sie »bauen« ein Körperdreieck.

■ **Wirkung:**
Beansprucht den ganzen Körper. Durchblutet außerdem den Kopf.

■ **Variation:**
Zur Vereinfachung lassen Sie beide Beine ein wenig gebeugt.

B – Übung 10
Körperdreieck über Kopf

Achtung:
Akzeptieren Sie unbedingt Ihre Dehnungsgrenze! Bei Beschwerden hören Sie bitte sofort auf.

B – Übung 11 Körperdreieck mit Plié

Übungsablauf:

1. Stehen Sie gerade und stellen Sie Ihre Füße eine Beinlänge voneinander entfernt auf. Strecken Sie die Arme mit weichen Ellenbogen auf Schulterhöhe aus. Ihr Körper ergibt nun die Form eines Dreiecks. Halten Sie die Grundspannung. Ziehen Sie den Bauchnabel fest nach innen, spannen Sie Gesäß und Beine an.
2. Rollen Sie nun Ihren Oberkörper Wirbel für Wirbel nach unten ab, bis Sie mit beiden Händen den Fußboden erahnen bzw. im besten Fall berühren können. Lassen Sie den Kopf locker nach unten sinken.
3. Neigen Sie Ihren Oberkörper zum rechten Knie. Legen Sie beide Arme locker – je nach Dehnfähigkeit – um das Bein bzw. um den Fuß herum. Halten Sie die Position einige Sekunden lang.
4. Beugen Sie nun das linke Knie, um Ihren Körper nochmals zu verlängern. Führen Sie Ihren rechten Arm senkrecht nach oben. Halten Sie den Kopf gerade und blicken Sie in Richtung Knie. Verweilen Sie einen Moment lang in der Position.

Wiederholen Sie den Wechsel zwischen Beinstreckung und -beugung einige Male. Seitenwechsel.

5 Rollen Sie sich über die Mitte langsam wieder auf, um in die Ausgangsposition zurückzukehren.
Wiederholung: 4- bis 8-mal pro Seite.

■ **Visualisierung:**
Sie bilden mit Ihrem Körper ein Dreieck.

■ **Wirkung:**
Dehnt die Bein- und Rückenmuskulatur sehr intensiv.

■ **Variation:**
Zur Vereinfachung lassen Sie beide Beine ein wenig gebeugt.

Achtung:
Akzeptieren Sie unbedingt Ihre körpereigenen Grenzen! Die Dehnung sollte ein spürbares »Ziehen«, aber niemals Schmerzen verursachen.

B – Übung 12
Attitude-Arabesque

Achtung:
Heben Sie das Bein bitte nur so weit hoch, wie Sie Ihr Becken kontrollieren können.

Übungsablauf:

1 Aus der ersten Position verlagern Sie Ihr Gewicht auf das (rechte) Standbein. Führen Sie Ihr Knie in einem 90°-Winkel gebeugt nach oben in die Attitude. Der Fuß steht höher als das Kniegelenk. Der dem Standbein entsprechende Arm ist über dem Kopf, der andere auf Schulterhöhe nach hinten gestreckt.

2 Strecken Sie Ihr oberes Bein nach hinten aus, ohne dabei das Knie zu senken. Tasten Sie sich langsam über 45° Beinhöhe an die Arabesque heran. Neigen Sie Ihren Oberkörper leicht nach vorn, um die Beinhöhe gegebenenfalls auf 90° oder höher zu steigern. Vorderen Arm ausstrecken und den hinteren parallel zum Bein halten. Wiederholen Sie den Wechsel zwischen Beinbeugung und -streckung.

Wiederholung: 1- bis 2-mal pro Seite.

■ Visualisierung:
Bein und Arm bewegen sich wie eine Ziehharmonika abwechselnd auseinander und zusammen.

■ Wirkung:
Kräftigt Bauch, Rücken, Beine und Po. Fördert außerdem Standfestigkeit, Beweglichkeit und Konzentration.

■ Variation:
Zur Vereinfachung lassen Sie Ihr Standbein gebeugt und/oder halten Sie sich an einer Tischkante fest.

B – Übung 13 Attitude-Arabesque kopfüber

Übungsablauf:
1. Verlagern Sie Ihr Gewicht auf das (rechte) Standbein. Führen Sie Ihr »Spielbein« nach oben in die Attitude (vgl. vorige Übung).
2. Senken Sie Ihren Oberkörper langsam nach vorn ab, bis Sie mit beiden Händen den Boden berühren. Stützen Sie sich mit etwa schulterbreit geöffneten Armen ab. »Wandern« Sie so weit nach vorn, bis Rumpf und Standbein die Form eines Dreiecks bilden. Drücken Sie Ihre Ferse möglichst auf den Boden. Lassen Sie den Kopf locker zwischen beiden Armen hängen und richten Sie den Blick auf den Standfuß.
3. Mit dem Ausatmen strecken Sie Ihr oberes Bein in die Länge. Beginnen Sie mit 45° und steigern Sie peu à peu die Beinhöhe.
4. Mit der Einatmung kehren Sie in die Attitude zurück.

Wiederholung: 4- bis 8-mal pro Seite.

■ **Visualisierung:**
Sie »bauen« ein Körperdreieck. Ihr Kniegelenk öffnet und schließt sich wie ein gut geöltes Scharnier.

■ **Wirkung:**
Beansprucht den gesamten Körper. Durchblutet den Kopf.

EXERCISES IM STAND

B – Übung 14 Attitude-Arabesque mit Push-ups

Übungsablauf:
1 Begeben Sie sich nochmals in die Arabesque kopfüber (vgl. Schritt 3 der vorigen Übung).
2 Beugen Sie Ihr oberes Bein in die Attitude und versuchen Sie gleichzeitig, einen Liegestütz zu machen. Dazu beugen Sie beide Arme leicht an. Die Ellenbogen zeigen etwas nach außen, die Fingerspitzen nach innen. Mit der Oberkörpervorneigung heben Sie gleichzeitig die Ferse des Standbeines vom Boden ab.
3 Strecken Sie Arme und Bein wieder und setzen Sie die Ferse ab.
Wiederholung: 4- bis 8-mal pro Seite.

■ **Visualisierung:**
Sie trainieren Liegestütze aus einer neuen Perspektive: nämlich über Kopf!

■ **Wirkung:**
Kräftigt Bauch, Rücken, Bein-, Pomuskeln und vor allem Schulter-, Brust- und Armmuskulatur. Fördert außerdem Standfestigkeit, Beweglichkeit und Konzentration.

■ **Variation:**
Zur Vereinfachung führen Sie die Liegestütze auf allen Vieren aus: auf die Knie setzen, mit beiden Händen abstützen, ein Bein nach oben beugen und los.

HALTUNG – KÖRPERKRAFT – BALANCE   67

B – Übung 15 Arabesque – Seitliche Standwaage kopfüber

Übungsablauf:
1 Aus der ersten Position verlagern Sie Ihr Gewicht auf das (rechte) Standbein. Strecken Sie Ihr freies Bein auf etwa 90° Beinhöhe nach hinten aus in die Arabesque.
2 Senken Sie Ihren Oberkörper langsam zum Boden. Stützen Sie sich mit mehr als schulterbreit geöffneten Armen ab. Ziehen Sie Ihr oberes Bein nach oben in die Länge. Wenn möglich, setzen Sie die Ferse des Standfußes ab.
3 Führen Sie das obere Bein langsam und konzentriert zur Seite, ohne das Becken zu verdrehen.
4 Strecken Sie Ihr Bein wieder zurück nach oben aus – in die Arabesque. Setzen Sie das Bein gestreckt auf den Boden ab. Seitenwechsel.
Wiederholung: 4- bis 8-mal pro Seite.

■ **Visualisierung:**
Ihr »Spielbein« pendelt von 12 Uhr auf 3 Uhr bzw. 9 Uhr beim Seitenwechsel.

■ **Wirkung:**
Kräftigt Bauch, Rücken, Beine und Po. Fördert zudem Standfestigkeit, Beweglichkeit und Konzentration.

EXERCISES IM STAND

B – Übung 16
Balance: Körperdreieck im Stand

Achtung:
Diese Übung erfordert ein hohes Maß an Beweglichkeit. Bei Beschwerden oder Unwohlsein brechen Sie die Übung bitte sofort ab.

Übungsablauf:
1 Aus der ersten Position verlagern Sie Ihr Gewicht auf das (linke) Standbein. Gleiten Sie mit dem freien Fuß über den Unterschenkel hoch bis zum Knie – ins Passé. Drehen Sie dabei Ihren Unterschenkel nach außen und strecken Sie den Fuß.
2 Lösen Sie Ihren Fuß vom Knie und heben Sie Ihr Bein etwas höher. Wenn nötig, beugen Sie Ihr Standbein. Greifen Sie an den großen Zeh.
3 Strecken Sie langsam das obere Bein aus. Das Becken ist fixiert und wird nicht verdreht. Die Schultern bleiben unten, der Nacken locker. In der Endposition führen Sie den freien Arm gestreckt nach oben. Die Finger zeigen nach oben – die Handfläche nach innen. Halten Sie die Balance und setzen Sie das Bein ab. Seitenwechsel.

Wiederholung: 1-mal pro Seite.

■ **Visualisierung:**
In der Endposition beschreibt Ihr Körper ein »Y«.

■ **Wirkung:**
Dehnt die Beinmuskulatur. Kräftigt Rumpf- und Hüftmuskeln. Fördert Standfestigkeit, Beweglichkeit und Konzentration.

■ **Variation:**
Bei Bedarf halten Sie sich an einer Tischkante fest. Zur Intensivierung greifen Sie von außen um das Fußgelenk.

Übungsablauf:

1 In der ersten Position verlagern Sie Ihr Gewicht auf das (rechte) Standbein. Gleiten Sie mit dem freien Fuß über den Unterschenkel hoch bis zum Knie – ins Passé.
2 Von hier aus heben Sie Ihr Bein in die Attitude. Drehen Sie die Knie nach außen. Der Fuß steht oberhalb des Kniegelenks. Ziehen Sie Ihren Oberkörper von der Taille ausgehend in die Länge. Lassen Sie Schultern und Nacken ganz entspannt. Der dem Standbein entsprechende Arm wird nach oben geführt, der andere nach hinten.
3 Fassen Sie mit Ihrem hinteren Arm von außen um das Fußgelenk des erhobenen Beines. Halten Sie die Balance für einen Moment und setzen Sie das Bein ab. Seitenwechsel.

Wiederholung: 1-mal pro Seite.

■ Visualisierung:
Sie formen mit Armen und Beinen einen Blütenkelch.

■ Wirkung:
Öffnet den Brustkorb und streckt den Bauch. Kräftigt Rücken und Po. Fördert zudem Standfestigkeit, Beweglichkeit, Konzentration und Ausdruck.

■ Variation:
Alternativ können Sie das Kniegelenk auch von außen umfassen und/oder Sie lassen Ihr Standbein gebeugt.

**B – Übung 17
Balance: Attitude (Haltung)**

Achtung:
Wichtig ist die Stabilisierung Ihrer Körpermitte: Also, Oberkörper in die Länge ziehen und den Bauch nach innen.

4 Auf zum Endspurt!
Exercises am Boden

Inzwischen sind Sie schon ziemlich weit gekommen. Diese **Bodenübungen** runden das Programm Ballett-Workout nun perfekt ab. Mit wohl durchdachten Exercises trainieren Sie hier auch gezielt **Oberkörper und Arme.** Zusätzlich erwarten Sie intensive Körperdehnungen und ein wenig **Entspannung.**

Workout & intensives Stretching

Im Idealfall schließen sich diese Übungen an die vorausgegangenen Exercises aus Kapitel 2 und 3 (Basis-Exercises und Exercises im Stand) an. Natürlich können Sie sie auch separat ausführen. Planen Sie dafür etwa 30 Minuten ein. In jedem Falle müssen Sie sich zuvor aufwärmen, z.B. mit meinem Basisprogramm. Wahlweise können Sie auch joggen, Rad fahren, walken usw., um Ihren Körper vorzubereiten. Um Überforderungen vorzubeugen, gehen Sie gewissenhaft mit sich um, wählen Sie gegebenenfalls die einfachere Variation oder lassen Sie eine Übung ganz weg!

Übungsablauf:

1. Begeben Sie sich auf alle Viere in die Liegestützposition. Die Arme sind mehr als schulterbreit geöffnet. Die Fingerspitzen zeigen leicht nach innen. Neigen Sie Ihren Oberkörper so weit nach vorn, bis Schulterköpfe und Handgelenke auf einer Ebene stehen. Ziehen Sie den Bauchnabel fest nach innen. Schieben Sie Ihre Knie etwa mattenbreit nach außen. Heben Sie die Unterschenkel vom Boden und schließen Sie die Füße in die erste Position, sodass sich beide Fersen leicht berühren.
2. Mit der Einatmung beugen Sie beide Arme etwa in einem 90°-Winkel. Die Handgelenke bleiben fixiert und die Ellenbogen außen.
3. Mit der Ausatmung strecken Sie beide Arme wieder, während der Bauchnabel innen bleibt.

Wiederholung: 10- bis 20-mal.

■ Visualisierung:
Stellen Sie sich Ihre Beine als Froschschenkel vor.

■ Wirkung:
Kräftigt Brust und Schultern sowie die Oberarme. Fördert zudem die Beweglichkeit von Hüft- und Fußgelenken.

C – Übung 1
Breite Liegestütze: Brust-Push-Up im Kniestand

Achtung:
Halten Sie den Kopf die ganze Zeit über in Verlängerung der Halswirbelsäule und knicken Sie ihn nicht nach hinten ab.

EXERCISES AM BODEN

C – Übung 2
Enge Liegestütze: Trizeps-Presse im Kniestand

Achtung:
Die Kraft kommt insbesondere aus Oberarmen und Körpermitte. Nacken- und Schultermuskulatur bleiben entspannt, die Handgelenke sind fest stabilisiert.

Übungsablauf:
1 Setzen Sie sich auf beide Knie und nehmen Sie die Liegestützposition ein. Öffnen Sie die Arme schulterbreit. Die Fingerspitzen zeigen nach vorn in Blickrichtung. Neigen Sie Ihren Oberkörper so weit nach vorn, bis Schulterköpfe und Handgelenke genau auf einer Ebene stehen. Pressen Sie Ihre Oberarme ganz fest gegen den Rumpf.
Öffnen Sie Ihre Beine etwa mattenbreit und schließen Sie die Füße in die erste Position, wie in der vorigen Übung beschrieben.
2 Ohne die Arme vom Rumpf zu lösen, führen Sie die Liegestütze aus. Mit der Einatmung beugen Sie Ihre Arme, mit der Ausatmung strecken Sie sie wieder.
Wiederholung: 10- bis 20-mal.

■ Visualisierung:
Stellen Sie sich Ihre Beine als Froschschenkel vor.

■ Wirkung:
Kräftigt in erster Linie den Trizeps, der auf der Rückseite der Oberarme liegt.

WORKOUT & INTENSIVES STRETCHING

Übungsablauf:

1 Knien Sie sich mit hüftbreit geöffneten Beinen hin. Führen Sie die Arme in die erste Position. Ziehen Sie den Bauchnabel nach innen und kneifen Sie den Po fest zusammen.
2 Neigen Sie den Oberkörper zur Seite. Stützen Sie sich mit Ihrem Standarm so ab, dass Schulter- und Handgelenk genau auf einer Linie stehen. Vorsicht: Den Standarm leicht gebeugt lassen! Führen Sie Ihren freien Fuß ins Passé – also in Richtung Standknie. Heben Sie den oberen Arm in hohem Bogen über den Kopf.
3 Strecken Sie Ihr oberes Bein parallel zum Boden oder höher aus. Balance halten und absetzen. Seitenwechsel.

Wiederholung: 4- bis 8-mal pro Seite.

■ Visualisierung:
Sie führen diese Übung zwischen zwei eng stehenden Mauern aus. Sie können nicht nach vorn oder hinten wegkippen.

■ Wirkung:
Fordert das Muskelkorsett rund um den Bauch heraus. Kräftigt die Oberschenkel. Fördert Beweglichkeit, Balance und Konzentration.

C – Übung 3
Passé-développé im Kniestand

Achtung:
Halten Sie Ihren Oberkörper unbedingt gerade. Ihre Beinhöhe ist überschritten, sobald Sie Ihren Rumpf nicht mehr stabil halten können.

EXERCISES AM BODEN

C – Übung 4
In Seitenlage: Passé mit Beinrotation

Übungsablauf:

1 Legen Sie sich lang ausgestreckt auf eine Körperseite, sodass Sie von Kopf bis Fuß eine Linie bilden. Stützen Sie Ihren Kopf mit der Hand ab. Legen Sie Ihre Faust auf Bauchnabelhöhe leicht auf dem Boden ab. Spannen Sie Bauch, Beine und Po an, schließen Sie die Beine und heben Sie sie ein paar Zentimeter vom Boden hoch.

2 Führen Sie die Fußspitze Ihres oberen Beines hoch zum unten liegenden Knie – ins Passé. Ihr Knie zeigt nun nach oben. Rotieren Sie gleichzeitig Ihr unten liegendes Bein ein wenig nach außen: Die Ferse bewegt sich nach vorn.

3 Jetzt senken Sie Ihr oberes Bein nach unten ab, bis der Unterschenkel parallel zum Boden steht. Gleichzeitig rotieren Sie Ihr ausgestrecktes Bein nach innen: Der Fußspann zeigt wieder nach vorn.

Wiederholung: 4- bis 8-mal pro Seite.

■ Visualisierung:
Ein Marionettenfaden zieht Sie am Becken nach oben.

■ Wirkung:
Kräftigt die seitliche Rumpfmuskulatur, Bauch, Beine und Po. Fördert die Beweglichkeit der Hüft-Becken-Region.

Achtung:
Lassen Sie die Schultern unbedingt unten und den Hals lang. Sie dürfen auf keinen Fall mit dem Oberkörper nach vorn einsinken.

Übungsablauf:

1 Nehmen Sie die Rückenlage ein. Legen Sie Ihre Arme gestreckt hinter dem Kopf ab. Schieben Sie Ihre Schultern nach unten. Spannen Sie Bauch, Beine und Po fest an. Die Füße sind gestreckt. Atmen Sie zur Vorbereitung ein.
2 Mit der Ausatmung ziehen Sie Ihren Bauchnabel per Muskelkraft nach innen und rollen nacheinander Kopf, Halswirbelsäule, Schultern und Rücken vom Boden hoch. Dabei macht Ihr Rücken eine C-Kurve. Die Arme bleiben über dem Kopf.
3 Oben angekommen, richten Sie sich kerzengerade auf. Die Arme sind nun parallel zu den Beinen. Atmen Sie ein.
4 Mit der nächsten Ausatmung rollen Sie sich in Form der C-Kurve wieder Wirbel für Wirbel nach hinten ab.

Wiederholung: 10- bis 15-mal.

■ **Visualisierung:**
Wie eine Raupe oder ein Tausendfüßler rollen Sie Ihren Körper zusammen und wieder auseinander.

■ **Wirkung:**
Kräftigt die geraden Bauchmuskeln.

C – Übung 5
Gerader Bauchaufzug

Achtung:
Die Kraft kommt in erster Linie aus dem Bauch. Meldet sich Ihr unterer Rückenbereich, aktivieren Sie Ihre Bauchmuskeln nicht ausreichend.

EXERCISES AM BODEN

C – Übung 6
Bauchaufzug mit Grand battement

Übungsablauf:
1 Nehmen Sie die Rückenlage wie in der vorigen Übung beschrieben ein. Atmen Sie ein.
2 Mit der Ausatmung ziehen Sie Ihren Bauchnabel per Muskelkraft nach innen und rollen nacheinander Kopf, Halswirbelsäule, Schultern und Rücken vom Boden hoch. Gleichzeitig heben Sie Ihr rechtes Bein gestreckt mit nach oben und führen Ihre Arme tulpenförmig über den Kopf. Halten Sie die Position einen Moment lang und atmen Sie ein.
3 Mit der nächsten Ausatmung senken Sie Oberkörper und Bein langsam und kontrolliert wieder ab. Einatmen.
4 Mit der nächsten Ausatmung heben Sie Oberkörper und linkes Bein gemeinsam an.

Wiederholung: 4- bis 8-mal pro Seite.

■ Visualisierung:
Oberkörper und Bein »klappen« wie ein Taschenmesser zusammen. Dabei öffnen und schließen sich Ihre Bauchmuskeln wie eine Ziehharmonika.

■ Wirkung:
Kräftigt Bauch, Beine und Po. Fördert außerdem Beweglichkeit, Konzentration und Ausdruck.

Achtung:
Der Bauch soll während der Übung so flach wie möglich bleiben. Nacken- und Schultermuskulatur bleiben entspannt.

Übungsablauf:

1 Setzen Sie sich auf Ihre Matte. Stellen Sie die Beine hüftbreit auf und die Füße fest auf den Boden. Führen Sie beide Arme tulpenförmig über den Kopf.

2 Heben Sie mit der Ausatmung ein Bein nach dem anderen vom Boden ab. Strecken Sie Ihre Knie so weit es geht. Ober- und Unterkörper bilden eine V-Form.

3 Drehen Sie Ihre gestreckten Füße V-förmig nach außen – in die erste Position. Überkreuzen Sie sie kurz und schnell im Wechsel (rechts vor links, links vor rechts).

Wiederholung: 5- bis 10-mal.

■ Visualisierung:
Ihre Füße »schlagen« beim Überkreuzen im Takt einer Musik.

■ Wirkung:
Fordert das Muskelkorsett rund um den Bauch. Kräftigt die Oberschenkel und fördert Beweglichkeit, Balance und Konzentration.

■ Variation:
Zur Vereinfachung führen Sie die Übung auf dem Rücken liegend aus. Beine senkrecht strecken und Füße rhythmisch überkreuzen.

C – Übung 7
Changement (Fußwechsel) im Sitz

Achtung:
Der Oberkörper soll so lang wie möglich und der Bauch innen gehalten werden. Ziehen Sie Ihre Schultern von den Ohren weg.

C – Übung 8
Beinstreckung im Sitz

Achtung:
Akzeptieren Sie unbedingt Ihre körpereigenen Grenzen! Bei Beschwerden oder Unwohlsein brechen Sie die Übung bitte sofort ab.

Übungsablauf:
1 Setzen Sie sich auf Ihre Matte. Umfassen Sie beide Kniekehlen und ziehen Sie Ihren Bauchnabel fest nach innen. Heben Sie die Beine nacheinander vom Boden, sodass sie im rechten Winkel gebeugt sind. Machen Sie den Rücken gerade und den Hals lang. Ziehen Sie die Schultern runter und richten Sie den Blick nach vorn. Die Füße sind gestreckt.
2 Finden Sie Ihr Gleichgewicht und strecken Sie mit der Ausatmung erst das eine, dann das andere Bein nach oben aus. Wenn möglich, umfassen Sie mit Ihren Händen die Unterschenkel.

Wiederholung: 2- bis 4-mal.

■ Visualisierung:
Sie »klappen« wie ein Taschenmesser zusammen.

■ Wirkung:
Dehnt Rücken und Beinrückseiten. Fördert zudem Balance, Beweglichkeit und Konzentration.

■ Variation:
Zur Vereinfachung strecken Sie nur ein Bein nach oben aus und lassen das andere rechtwinklig gebeugt.

WORKOUT & INTENSIVES STRETCHING

C – Übung 9 Brustexpander mit Oberschenkeldehnung

Übungsablauf:
1. Legen Sie sich lang auf den Bauch. Stellen Sie beide Unterarme parallel zueinander auf. Ziehen Sie Ihren Bauchnabel fest nach innen und richten Sie Ihren Oberkörper auf.
2. Umfassen Sie Ihr rechtes Fußgelenk mit der rechten Hand von außen. Spannen Sie Bauch, Beine und Po fest an und umfassen Sie danach das linke Fußgelenk. Richten Sie Ihren Oberkörper in einem hohen Bogen nach hinten und oben auf, sodass sich gleichzeitig Knie und Oberschenkel vom Boden lösen. Strecken Sie den Hals in Verlängerung der Wirbelsäule. Halten Sie die Körperspannung einen Moment. Auf Wunsch atmen Sie nun tief durch die Nase ein und durch den Mund aus. Dadurch wiegt sich Ihr Körper hin und her.

Wiederholung: 1-mal.

■ **Visualisierung:**
Sie bewegen sich wie ein Wiegemesser leicht hin und her.

■ **Wirkung:**
Öffnet den Brustkorb und dehnt Brust-, Bauch-, Arm- und Oberschenkelmuskulatur. Kräftigt außerdem Rücken, Beine und Po.

C – Übung 10   Im Schulterstand: Plié – Grätsche

Übungsablauf:
1 Nehmen Sie die Rückenlage ein. Strecken Sie mit der Ausatmung ein Bein nach dem anderen in die Höhe. Oberkörper und Beine stehen in einem rechten Winkel zueinander. Legen Sie die Arme ausgestreckt neben sich.
Pressen Sie Ihre Hände in den Boden und ziehen Sie Hüften und Beine hoch, um Ihren ganzen Körper in die Senkrechte zu bringen. Die Hände umfassen Ihren Rücken auf Taillenhöhe. Versuchen Sie die meiste Kraft aus Ihrem Rumpf zu holen, um die Stützarme und Schultern zu entlasten. Die Füße sind gestreckt, Ihre Zehenspitzen stehen auf Augenhöhe.
2 Beugen Sie Ihre Beine mit nach außen gedrehten Knien ins »Grand plié«. Die Beine ergeben jetzt die Form eines Karos. Die Füße berühren sich.
3 Öffnen Sie Ihre Beine in die Grätsche. Die Füße bleiben gestreckt.
4 Schließen Sie Ihre Beine gegen einen imaginären Widerstand drückend wieder. Wiederholen Sie die Übung einige Male. Kommen Sie in die Rückenlage zurück.

Wiederholung: 4- bis 8-mal.

WORKOUT & INTENSIVES STRETCHING

■ Visualisierung:
Sie formen nacheinander mit Ihren Beinen eine Kerze, ein Karo und eine Standwaage.

■ Wirkung:
Dehnt und kräftigt die Beinmuskeln, kräftigt Bauch-, Po- und Rückenmuskeln. Fördert die Balance, Beweglichkeit und Konzentration.

■ Variation:
Zur Vereinfachung führen Sie die Übung aus der Rückenlage und nicht aus dem Schulterstand aus.

Achtung:
Jegliche Drehbewegung, insbesondere des Kopfes, ist tabu. Bei Schmerzen oder Unwohlsein ist die Übung sofort abzubrechen.

EXERCISES AM BODEN

C – Übung 11
In Bauchlage: Changement (Fußwechsel)

Übungsablauf:

1 Legen Sie sich lang ausgestreckt auf den Bauch. Die Stirn ruht auf den Händen. Machen Sie Ihren Hals lang und ziehen Sie Ihre Schultern aktiv nach unten und innen. Pressen Sie den Po und die Beine fest zusammen. Drehen Sie die gestreckten Füße V-förmig in die erste Position. Die Fersen berühren sich. Ziehen Sie den Bauchnabel fest nach innen.

2 Heben Sie Ihre gestreckten Beine ein paar Zentimeter vom Boden ab, ohne ins Hohlkreuz zu gehen. Nun überkreuzen Sie Ihre Füße (rechts vor links/links vor rechts) im Wechsel. Führen Sie die Wechsel kurz und schnell, aber unbedingt kontrolliert aus. Atmen Sie normal weiter – nicht die Luft anhalten.

Wiederholung: 15- bis 25-mal.

■ Visualisierung:
Sie treiben im Wasser und halten Ihre Füße oberhalb der Wasseroberfläche.

■ Wirkung:
Kräftigt Po, Beinrückseiten und Rücken.

Achtung:
Heben Sie die Beine nur so weit, dass Sie nicht ins Hohlkreuz gehen müssen. Halten Sie die Bauchmuskeln stets aktiv, um den gesamten Lendenwirbelsäulenbereich zu stabilisieren.

WORKOUT & INTENSIVES STRETCHING

Übungsablauf:

1 Legen Sie sich auf den Rücken, winkeln Sie beide Beine an und stellen Sie beide Füße möglichst nahe beim Gesäß auf. Beugen Sie die Arme, setzen Sie beide Handflächen neben den Ohren auf den Boden; die Finger zeigen zu den Schultern.

2 Pressen Sie Arme und Füße fest in den Boden und drücken Sie Ihren Oberkörper ganz langsam und konzentriert hoch. Der Bauchnabel bildet den höchsten Punkt. Heben Sie das Becken möglichst weit nach oben und lösen Sie Ihren Kopf von den Schultern. Er hängt locker zwischen beiden Armen herunter. Halten Sie die Position einen Moment lang, beugen Sie dann die Arme, senken Sie den Rumpf und legen Sie sich entspannt auf den Rücken.

Wiederholung: 1-mal.

**C – Übung 12
Körperbrücke**

■ Visualisierung:
Sie »bauen« eine Körperbrücke.

■ Wirkung:
Dehnt die Brust-, Bauch- und Beinmuskulatur. Kräftigt zudem die Bein-, Arm-, Hand- und Hüftgelenke. Fördert Beweglichkeit, Konzentration und Standfestigkeit. Durchblutet den Kopf.

■ Variation:
Zur Vereinfachung tasten Sie sich über die Übung »Brustexpander mit Oberschenkeldehnung« langsam an die Körperbrücke heran.

Achtung:
Diese Übung ist absolut fortgeschritten und eine extreme Herausforderung für die Wirbelsäule. Hören Sie bei Beschwerden bitte sofort auf!

**C – Übung 13
Dehnung der Körperrückseite**

Übungsablauf:
1 Setzen Sie sich mit langem Oberkörper und ausgestreckten Beinen auf die Matte. Richten Sie sich bewusst auf. Schließen Sie die Beine und strecken Sie die Füße. Führen Sie beide Arme mit weichen Ellenbogen über den Kopf. Schauen Sie nach vorn.
2 Neigen Sie Ihren Oberkörper mit möglichst langem Rücken nach vorn. Stellen Sie sich vor, Sie hätten eine zu enge Jeans an und müssten den Bauch nach innen ziehen. Schieben Sie sich von der Taille ausgehend in die Länge. Versuchen Sie Ihre Nasenspitze in Richtung Ihrer Knie zu senken. Der Blick ist nach unten gerichtet.
Wiederholung: 4- bis 8-mal.

■ **Visualisierung:**
Sie »klappen« wie ein Taschenmesser zusammen.

■ **Wirkung:**
Dehnt die Körperrückseite sehr intensiv. Dazu zählen Beinrückseiten, Rücken- und Nackenmuskulatur.

■ **Variation:**
Zur Vereinfachung lassen Sie Ihre Beine ein wenig gebeugt.

Achtung:
Nacken- und Schultermuskulatur bleiben entspannt. Akzeptieren Sie unbedingt Ihre Dehnungsgrenze.

WORKOUT & INTENSIVES STRETCHING

C – Übung 14 Piriformis-Stretch im Sitz

Übungsablauf:
1. Setzen Sie sich betont aufrecht auf die Matte. Stellen Sie Ihre Arme ein bis zwei Hände breit vom Gesäß entfernt hinter Ihrem Oberkörper auf. Die Fingerspitzen zeigen zum Gesäß. Öffnen Sie Ihre Beine hüftbreit und winkeln Sie sie etwa 90° an.
2. Legen Sie den linken Fuß über den rechten Oberschenkel. Halten Sie Ihren Rücken gerade, heben Sie das Dekolleté und ziehen Sie die Schultern runter. Richten Sie den Blick nach vorn. Halten Sie die Dehnung 30 bis 60 Sekunden lang. Beinwechsel.

Wiederholung: 1-mal pro Seite.

■ **Visualisierung:**
Sie werden von einer unsichtbaren Hand in die Länge gezogen.

■ **Wirkung:**
Dehnt die Gesäß- und untere Rückenmuskulatur.

■ **Variation:**
Zur Vereinfachung legen Sie sich auf den Rücken und positionieren Ihre Beine genauso wie in Schritt 2 beschrieben. Umfassen Sie mit beiden Händen Ihren Oberschenkel.

88 EXERCISES AM BODEN

C – Übung 15 Oberschenkeldehnung im Kniestand

Übungsablauf:
1 Knien Sie sich auf Ihre Matte. Strecken Sie das linke Bein lang nach vorn aus und beugen Sie es, bis Ihr Kniegelenk einen rechten Winkel ergibt. Gleichzeitig schiebt sich Ihr Oberkörper diagonal nach vorn. Achten Sie darauf, dass das Knie hinter der Fußspitze steht. Bleiben Sie aufrecht und legen Sie beide Hände auf das linke Knie.
2 Drehen Sie Ihren Oberkörper leicht nach links, um den Brustkorb zu öffnen. Strecken Sie den rechten Arm locker neben Ihrem aufgestellten Unterschenkel aus und den linken nach hinten, um Ihren Fußspann zu umfassen. Wenn möglich, ziehen Sie Ihren Fuß in Richtung Gesäß. 30 bis 60 Sekunden lang halten. Seitenwechsel.
Wiederholung: 1-mal pro Seite.

■ Visualisierung:
Ihr Unterschenkel lässt sich einfach »zuziehen« wie ein gut geöltes Türschloss.

■ Wirkung:
Dehnt die Hüftbeuge- und Oberschenkelmuskulatur.

WORKOUT & INTENSIVES STRETCHING

Übungsablauf:

1 Setzen Sie sich auf Ihre Matte. Öffnen Sie beide Beine nur so weit, wie Sie Ihren Oberkörper lang und aufrecht halten können, ohne wegzukippen. Strecken Sie Ihren Rumpf in die Länge. Legen Sie einen Arm auf ein ausgestrecktes Bein und führen Sie den anderen nach oben.
2 Neigen Sie Ihren Oberkörper langsam zur Seite. Der obere Arm begleitet die Dehnung in hohem Bogen. Der untere Arm senkt sich zum Boden.
3 Führen Sie Ihren oberen Arm in die Senkrechte und schieben Sie ihn dann weit nach hinten, um den Brustkorb zu öffnen. Der Blick folgt der Hand. Halten Sie die Dehnung einen Moment lang. Führen Sie den Arm in hohem Bogen wieder zur Seite. Halten Sie die Position. Seitenwechsel.

Wiederholung: 4- bis 8-mal pro Seite.

■ Visualisierung:
Ihr Köper bildet die Form von einem umgedrehten »T«.

■ Wirkung:
Dehnt die Innenschenkel sowie die Brust-, Arm- und seitliche Rumpfmuskulatur.

■ Variation:
Zur Vereinfachung lassen Sie ein Bein angewinkelt.

**C – Übung 16
Grätsche mit Rumpfdehnung**

Achtung:
Akzeptieren Sie unbedingt Ihre körpereigenen Grenzen.
Bei Beschwerden brechen Sie die Übung bitte sofort ab.

C – Übung 17 Nackendehnung im Schneidersitz

Übungsablauf:
1 Setzen Sie sich aufrecht in den Schneidersitz. Strecken Sie Ihre Arme neben sich aus und legen Sie Ihre Handflächen leicht auf den Boden. Stützen Sie sich nicht ab! Machen Sie sich lang: Halswirbelsäule strecken, Schultern runter, Bauch rein. Richten Sie den Blick nach vorn. Wenn Sie möchten, schließen Sie die Augen.
2 Neigen Sie Ihren Kopf so weit in Richtung Schulter, bis Sie ein angenehmes Ziehen im Hals-Nacken-Bereich spüren. Die Schultern bleiben unten. Halten Sie die Dehnung ca. 30 bis 60 Sekunden lang. Seitenwechsel.

Wiederholung: 1-mal pro Seite.

■ **Visualisierung:**
Sie möchten Ihr Ohr auf der Schulter ablegen.

■ **Wirkung:**
Dehnt die Hals-Nacken-Muskulatur und entspannt.

Achtung:
Bitte neigen Sie Ihren Kopf sanft zur Seite. Vermeiden Sie unbedingt abrupte, zerrende Bewegungen.

WORKOUT & INTENSIVES STRETCHING 91

C – Übung 18 Überkreuzdehnung in Rückenlage

Übungsablauf:
1 Legen Sie sich bequem auf den Rücken. Breiten Sie beide Arme V-förmig über Ihrem Kopf aus.
2 Stellen Sie Ihren rechten Fuß auf das linke Knie. Umfassen Sie mit der linken Hand Ihr Knie von außen und ziehen Sie es in Richtung Boden. »Verwringen« Sie Ihren Rumpf möglichst so weit, bis Knie und Gegenschulter auf der Matte liegen. Zum Schluss drehen Sie den Kopf zur oben liegenden Hand. Atmen Sie tief ein und aus. Halten Sie die Dehnung ca. 30 bis 60 Sekunden lang. Seitenwechsel.

Wiederholung: 1-mal pro Seite.

■ **Visualisierung:**
Sie wringen sich selbst aus wie ein nasses Handtuch.

■ **Wirkung:**
Dehnt Schultergelenksmuskeln sowie Arm-, Brust-, Po- und seitliche Rumpfmuskulatur.

> **Achtung:**
> Gehen Sie immer langsam und kontrolliert in die Dehnposition hinein und kommen Sie auch genauso langsam und kontrolliert wieder hinaus.

Register

A
Abschalten 26
Arabesque 43
Arabesque – Seitliche Standwaage kopfüber 67
Attitude rück 42
Attitude vor 41
Attitude-Arabesque 64
Attitude-Arabesque kopfüber 65
Attitude-Arabesque mit Push-ups 66
Auf die Zehenspitzen heben
   siehe Relevé
Aufwärmen 17, 30, 50, 72
Aufwärmtraining 24
Ausdruck 10
Ausgeglichenheit 16
Ausstrahlung 25

B
Balance: Attitude (Haltung) 69
Balance: Körperdreieck im Stand 68
Ballett 9ff., 12, 13, 17, 24, 49
Ballett, klassisches 10f., 14, 15, 16, 17
Ballettgeschichte 9f.
Bandscheibenvorfall 20
Basis-Exercises 17, 28ff.
Basisübungen 28ff., 50
Battement tendu 37
Bauchaufzug mit Grand battement 78
Beinkreis auf dem Boden
   siehe Rond de jambe par terre

Beinkreis in der Luft
   siehe Rond de jambe en l'air
Beinstreckung im Sitz 80
Beweglich bleiben 26
Bodenübungen 70ff.
Breite Liegestütze: Brust-Push-up im Kniestand 73
Brustexpander 18
Brustexpander mit Oberschenkeldehnung 81

C
Changement im Sitz 79
Charisma 25
Contract – Release
   siehe Rückenübung mit Beckenkippung

D
Dehnung der Körperrückseite 86
Demi plié 35
Durchhalten 26

E
Ein Bein gebeugt nach hinten heben
   siehe Attitude rück
Ein Bein gebeugt nach vorn heben siehe Attitude vor
Ein Bein gestreckt nach hinten heben
   siehe Arabesque
Ein Bein heben siehe Passé
Enge Liegestütze: Trizeps-Presse im Kniestand 74
Entspannung 71
Erfolgsphilosophie 25f.
Exercises 10, 13, 17f., 18, 19

Exercises am Boden 17, 70ff.
Exercises im Stand 17, 48ff.

F
Fehlhaltung 20, 21
Flat Back
   siehe Tischplatte
Füße 24
Fußgleiten
   siehe Battement tendu
Fußwechsel
   siehe Changement

G
Gerader Bauchaufzug 77
Goldene Regeln 27
Grand battement 58
Grand plié 36
Grätsche mit Rumpfbeugung 89
Große Kniebeuge
   siehe Grand plié
Großer Beinschlag
   siehe Grand battement

H
Halbe Kniebeuge
   siehe Demi plié
Haltearbeit 22
Haltung 8, 15, 17, 19f., 25, 30
Heinrich II. 9

I
Im Schulterstand: Plié – Grätsche 82f.
In Bauchlage: Changement 84
In Seitenlage: Passé mit Beinrotation 76

K

Kleiner Beinschlag
 siehe Petit battement
Kopfkreisen 33
Körperbeherrschung 15
Körperbrücke 85
Körperdreieck 18, 65
Körperdreieck mit Plié 62f.
Körperdreieck über Kopf 61
Körpergefühl 17
Körperhaltung 17, 19
Körperkonzept 24
Körperkraft 15, 25, 50
Körperkreis 45
Körperspannung 21, 27
Körpersprache 19
Körperzentrum 21

L

Ludwig XIV. 9

M

Medici, Catharina di 9
Muskelarbeit 22
Muskelbalance 16
Muskelgedächtnis 24
Muskelkorsett 16, 21
Muskeln 8, 15, 16, 20, 23, 24
Muskeln bewahren 23

N

Nackendehnung im Schnei-
 dersitz 90
Nackenstarre 20

O

Oberschenkeldehnung im
 Kniestand 88
Oper 9, 10

P

Passé 40
Passé-developpé 56f.
Passé-developpé im Knie-
 stand 75
Petit battement 39
Pilates 8, 15, 16, 17, 19, 24, 49
Pilates, Joseph Hubertus 16
Piriformis-Stretch im
 Sitz 87
Plié auf Zehenspitzen 54f.
Powerhouse 16
Psyche 13

R

Relevé 34
Rond de jambe en l'air 55
Rond de jambe par terre 38
Rückenbeschwerden 20
Rückenübung mit Becken-
 kippung 60
Rundrücken 20

S

Seitbeuge 44
Seitbeuge mit Plié 53
Selbstbewusstsein 25
Selbstsicherheit 17
Spitzenschuhe 10

Spitzentanz 10, 11, 14
Springen in der ersten
 Position 51
Stretching 24, 72

T

Taglioni, Marie 10
Taillenformer 52
Tanz 9
Tischplatte 59
Trainieren in Bildern
 siehe Visualisieren
Trainingsaufbau 21f.
Trainingsgerät 18
Tschaikowsky, Peter 10
Turnout (1. Position) 31
Turnout (2. Position) 32
Tutu 10

U

Überkreuzdehnung in
 Rückenlage 91
Übungsnamen 18

V

Visualisieren 19
Vor- und Rückbeuge 46f.

W

Wirbelsäule 8, 14, 16, 20,
 21, 23
Workout 11

Y

Yoga 8, 15f., 17, 24, 49

zum Nachschlagen

Hier finden Sie Bücher und Adressen für weitere Informationen zum Thema.

Literatur

Goertzen, M.:
Klassisches Ballett – Tanz,
in: Engelhardt, M. / Hintermann, B. /
Segesser, B. (Hrsg.):
GOTS-Manual Sporttraumatologie, S. 351–353.
Hans Huber, Bern 1997

Kieser, K. / Koegler, H.:
Kleines Wörterbuch des Tanzes, 2. Aufl.
Philipp Reclam jun., Stuttgart 2006

Kieser, K. / Schneider, K.:
Reclams Ballettführer, 13. Aufl.
Philipp Reclam jun., Stuttgart 2002

Lenhart, P. / Seibert, W.:
Funktionelles Bewegungstraining.
Muskuläre Dysbalancen erkennen, beseitigen und vermeiden, 6. Aufl.
Urban & Fischer, München/Jena 2001

Mentrup, J.:
Figurtraining mit Powerpilates.
Knaur Ratgeber, München 2006

Schmidt, J.:
Tanzgeschichte des 20. Jahrhunderts in einem Band.
Henschel, Berlin 2002

Stemper, T.:
Gesundheit – Fitness – Freizeitsport.
Praxis des modernen Gesundheitssports.
Bund, Köln 1988

Tarassow, N. I.:
Klassischer Tanz. Die Schule des Tänzers.
Henschel, Berlin 2005

Vogel, W. / Dorschner, M.:
Yoga mit Heilwirkungen, 3. Aufl.
Schnitzer, St. Georgen im Schwarzwald 1977

Waganowa, A. J.:
Grundlagen des klassischen Tanzes.
Henschel, Berlin 2002

Weineck, J.:
Optimales Training, 12. Aufl.
Spitta, Erlangen 2002

Kontaktadresse der Autorin:

Jessica Mentrup
Lohbekstieg 32 g
D – 22529 Hamburg
Homepage: www.jessicamentrup.de
Hier erhalten Sie weitere Informationen zu den Themen Körperkult und Lifestyle

Tanz dich fit mit dem neuen Fitness-Trend aus Indien

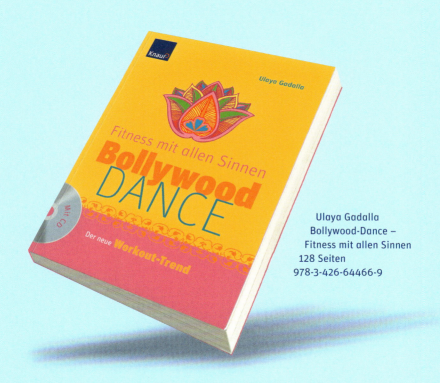

Ulaya Gadalla
Bollywood-Dance –
Fitness mit allen Sinnen
128 Seiten
978-3-426-64466-9

Schnell und lustvoll in Bestform mit dem dynamischen Ganzkörpertraining! Extra: CD mit den wichtigsten Übungen und orientalischer Musik **zum Mittanzen.**

www.wohl-fit.de

Impressum

Bitte besuchen Sie uns auch
im Internet unter der Adresse:
www.knaur-ratgeber.de

Danksagung

Besondere Umstände erfordern besondere Maßnahmen! Um Neues entstehen zu lassen, müssen auch neue Wege gegangen werden. An dieser Stelle ein herzliches Dankeschön dem Knaur Ratgeber Verlag für das in mich gesetzte Vertrauen zur Realisierung dieses Werkes.
Darüber hinaus lieben Dank an meine Eltern und an meinen Freund Tomo – insbesondere für die unglaubliche Geduld mit mir!

Wichtiger Hinweis

Die im Buch veröffentlichten Ratschläge wurden von Verfasserin und Verlag mit größter Sorgfalt erarbeitet und geprüft. Eine Garantie kann jedoch nicht übernommen werden. Ebenso ist eine Haftung der Verfasserin bzw. des Verlages und seiner Beauftragten für Personen-, Sach- oder Vermögensschäden ausgeschlossen.

Bibliografische Information: Deutsche Nationalbibliothek
Die Deutsche Nationalbibliothek verzeichnet diese Publikation in der Deutschen Nationalbibliografie; detaillierte bibliografische Daten sind im Internet über http://dnb.ddb.de abrufbar.

Das Werk einschließlich aller seiner Teile ist urheberrechtlich geschützt.
Jede Verwertung außerhalb des Urhebergesetzes ist ohne Zustimmung des Verlages unzulässig und strafbar. Das gilt insbesondere für Vervielfältigungen, Übersetzungen, Mikroverfilmungen und die Einspeicherung und Verarbeitung in elektronischen Systemen.
Es ist deshalb nicht gestattet, Abbildungen dieses Buches zu scannen, in PCs oder auf CDs zu speichern oder in Computern zu verändern oder einzeln oder zusammen mit anderen Bildvorlagen zu manipulieren, es sei denn mit schriftlicher Genehmigung des Verlages.
Bei der Anwendung in Beratungsgesprächen, im Unterricht und in Kursen ist auf dieses Buch hinzuweisen.

© 2007 Knaur Ratgeber Verlag
Ein Unternehmen der Droemerschen Verlagsanstalt Th. Knaur Nachf. GmbH & Co. KG, München
Alle Rechte vorbehalten.

Bildnachweis
Umschlagfoto und Fotos: Alexander Kupka, München
Model: Jessica Mentrup / tomovision®
Autorenfoto: tomovision® – Toma Pavlović

© Programm »Perfekte Haltung mit Ballett-Workout« Jessica Mentrup

Projektleitung: Katharina Harlfinger
Redaktion: Jeanette Stark-Städele, Ebersbach-Musbach
Bildredaktion: Sylvie Busche (Ltg.); Markus Röleke
Herstellung: Veronika Preisler
Layout: Dorothee Griesbeck, griesbeckdesign, München
Satz und DTP: Gaby Herbrecht, Mindelheim
Umschlaggestaltung: ZERO Werbeagentur, München
Reproduktion: Repro Ludwig, A-Zell am See
Druck und Bindung: Firmengruppe APPL, aprinta druck, Wemding

Printed in Germany

ISBN 978-3-426-64435-5

5   4   3   2   1